W0412770

La pêche du bar

Dans la collection Pêche

La pêche à la mouche, par Guy-Marie Renié

La pêche à pied, par Michel Lagenette

La pêche au coup, par Dominique Dumas

La pêche de la truite, par Guy-Marie Renié

La pêche des carnassiers, par Jean-Marie Vieudrin

La pêche en bord de mer, par Michel Lagenette

La pêche en Méditerranée, par Denis Mourizard

La pêche en surfcasting, par Alain Bastin

La pêche au toc, par William Aurnargue

© Éditions Sud Ouest, 2011
Ce livre a été imprimé par Loire Offset Titoulet, à Saint-Étienne (42).
La photogravure est de Labogravure Image, à Bordeaux (33).
ISBN : 978-2-87901-950-5 – Éditeur : 29385.01.05.02.11 – N° d'impression : 48418

Denis Mourizard

La pêche du bar

Collection « Pêche »
dirigée par Guy-Marie Renié

ÉDITIONS SUD OUEST

Introduction

Le bar commun (*Dicentrarchus labrax*), appelé « loup » en Méditerranée, monopolise des énergies folles dans le monde de la pêche en mer. Depuis ma plus tendre enfance, ce poisson m'attire, il me hante même parfois… Je suis certain de ne pas être le seul tant les discussions vont et viennent autour de lui. Des millions de fanatiques le traquent à travers le monde. La recherche de ce poisson est un peu l'emblème de la pêche en mer. Tout pêcheur qui se respecte recherche le bar et lui consacre du temps, de la réflexion et de l'argent. Le comprendre est la meilleure façon d'utiliser à bon escient l'une ou l'autre des techniques que vous découvrirez dans cet ouvrage.

◄ Le bar est un poisson merveilleux. Capable d'entretenir une relation très étroite avec les prédateurs que nous sommes, il mérite notre respect et notre engagement pour sa survie.

Je n'ai pas écrit ce livre en souhaitant simplement réactualiser des connaissances aussi vieilles que la pêche de ce poisson. J'ai tenté de concentrer dans ces pages de longues années d'expériences et de partage qui ont forgé des convictions aussi solides que vérifiables. Les grands pêcheurs de bars ont tous un point commun : ils privilégient toujours le **poste** et les **conditions de pêche**. La technique n'est pour eux qu'un moyen mécanique de prendre le bar. Ils n'iraient jamais jeter leurres ou appâts en des lieux qu'ils ne connaissent pas, ils n'accordent pas une confiance aveugle en l'efficacité de leur matériel. Si ces pêcheurs

▼ Le don de soi, la précaution dans l'approche et l'humilité sont les clés de la réussite.

Le loup et le bar sont les noms les plus usités, mais en fonction des régions vous pourrez entendre d'autres dénominations :
- En Méditerranée : ragnola (Corse), loubassou (Var).
- En Atlantique : loubine (Sud-Ouest), barreau (Vendée).
- En Manche : drenek (Nord-Bretagne).

Un beau poisson est toujours à l'origine d'une grande poussée émotionnelle. En prendre plus doit surtout nous permettre d'en remettre plus à l'eau, et surtout pas d'en tuer un plus grand nombre.

prennent du bar, cela vient essentiellement du fait qu'ils savent le trouver. Ils n'attendent pas que le poisson vienne à eux, ils vont le chercher.

La mauvaise démarche consiste à partir à l'aveuglette, au « petit bonheur la chance ». Je prends mes cannes, mes leurres ou mon bateau et je pars en quête de l'inconnu. Il y a des bars partout et ce serait bien un comble si je n'en prenais pas un ou deux…

La bonne attitude consiste plutôt à s'investir sur le long terme en vue d'acquérir une connaissance globale et réaliste des comportements et réactions de son poisson. Chaque partie de pêche

devient ainsi un moment privilégié, fruit d'une mûre réflexion et d'analyses méthodiques.

Prendre un bar à vue est pour moi l'une des plus belles victoires dont le pêcheur peut être fier. Pour y parvenir, il faut le connaître et s'investir dans l'**approche** et dans la **méthode de pêche**. Le jour où vous maîtriserez ces paramètres, le jour où vous ressentirez les réactions potentielles des poissons, ce jour-là vous en prendrez plus et des plus gros. Cela vous apportera la joie supplémentaire d'en remettre un plus grand nombre à l'eau, afin que perdurent votre compagnon de jeu et la passion qui lui est associée.

Pêcher le bar de la rive permet de créer un lien très étroit entre l'homme et l'animal.

Chapitre 1

Connaître le bar

Le bar peuple l'intégralité des eaux françaises, ce qui le met à la portée de tout pêcheur qui souhaite trouver un adversaire à sa taille. Il est fort réputé pour ses qualités gustatives, et considéré de ce fait comme un poisson « noble ».

▼ Le bar (loup en Méditerranée) est doté d'une intelligence considérable qu'il est nécessaire de respecter.

▼▼ Prédateur majeur de nos eaux côtières, le bar n'en est pas moins fragile et sensible aux débordements actuels.

Caractère et comportements

Le bar est avant tout un prédateur. C'est donc un animal qui tue pour se nourrir. Il peut piéger des proies vivantes et souvent capables de se protéger, ce qui démontre, outre l'instinct évident du prédateur, un certain niveau d'intelligence.

Notre poisson adopte trois grandes stratégies d'alimentation : la chasse active, la chasse à l'affût et l'opportunisme.

La **chasse active** consiste à acculer les proies jusqu'à pouvoir profiter de leurs faiblesses. Cela peut être rendu possible par une approche très silencieuse ou, au contraire, par une attaque durable constituée de poursuites effrénées. Ce type de chasse n'est pas le plus fréquent chez le bar. Les rares fois où il s'y adonne, il le fait en groupe pour décupler ses chances de réussite. C'est ce que les scientifiques appellent la synchro-prédation. En attaquant sur plusieurs axes en même temps, les bars concentrent leurs proies avant de leur porter le coup fatal.

La **chasse à l'affût** suppose une intelligence moins basique. Elle implique une dissimulation du prédateur derrière ou sous un obstacle. Le bar piège ses proies par surprise, et sans se fatiguer. Cette stratégie est parfaitement maîtrisée par le bar (en Méditerranée, en Atlantique, en Manche ou en mer du Nord) et ne nécessite pas une cohésion de groupe.

Ces deux stratégies de chasse intéressent directement le pêcheur aux leurres.

L'**opportunisme** est plutôt le domaine des pêches aux appâts naturels. Loin d'être une attitude confortable pour le bar, manger des proies mortes sur le fond est pourtant une obligation pour lui. Bon nombre de circonstances font qu'il n'est pas toujours à même de se nourrir. La géographie n'est pas étrangère à cela car il est plus difficile, par exemple, pour le loup marseillais de pratiquer une chasse active que pour le bar brestois.

Outre son caractère de chasseur, un autre trait majeur de sa personnalité est la curiosité, laquelle est contrebalancée par une méfiance souvent inébranlable.

L'activité alimentaire du bar est plus ou moins simple à exploiter. Techniquement, il est toujours plus difficile pour le pêcheur de tromper un poisson focalisé sur des proies bien précises. Lorsque le bar attaque pour se nourrir, il est toujours plus sélectif qu'en cas d'attaque réactive (motivée par l'agressivité).

Cette constatation est à l'origine de ce qu'est la pêche du bar aujourd'hui : un mélange de pêche aux leurres et aux appâts naturels. Certains jours et dans certaines conditions, le poisson exigera des esches naturelles, refusant tous les leurres de la création, et, parfois il nous sera possible de le faire attaquer violemment un leurre alors qu'il n'a probablement pas besoin de s'alimenter.

Lieux de vie et d'alimentation

L'alimentation focalise une grande partie de la vie d'un poisson, et pour se nourrir il a bien évidemment besoin de trouver des zones plus ou moins riches en nourriture.

Les zones portuaires

Les zones portuaires sont généralement constituées de bassins offrant calme et nourriture abondante. Lorsque je parle de calme j'évoque le contraste qu'il peut y avoir avec le large, ses courants ou ses vagues. Il faut effectivement savoir que le bar n'a que faire du

bruit d'un port. Il y est habitué et apprend à vivre avec. En période de fort transit estival, notre poisson est tout à fait capable de s'alimenter en cet endroit, à nous de savoir où le chercher. Bien entendu, il faut préciser que, dans certaines régions, le marnage qui vidange les ports a tendance à les stériliser, ce qui relativise mon propos. Seuls les ports méditerranéens sont donc potentiellement très bons pour le loup, les ports de la façade atlantique étant plus aléatoires.

La saison idéale se situe entre mai et octobre. Dans les ports, la nourriture est abondante et les loups ont vraiment tout intérêt à y transiter. De plus, la présence de nombreux quais et de toutes ces coques de bateaux offre autant d'abris potentiels. Si vous prenez la peine de vous promener le long des coques de bateaux, vous verrez très probablement de nombreux loups au repos, profitant de la fraîcheur de l'ombre. La saison estivale ainsi que la réglementation draconienne des ports imposent une pêche nocturne, au mieux au petit matin pour ne pas gêner la navigation. On peut y pêcher à l'artificiel et aux appâts naturels sur les quelques rares postes stratégiques dont on profite.

Les ports offrent de multiples opportunités alimentaires aux poissons, y compris aux prédateurs comme le bar.

Le bar n'est pas toujours présent en plage, il lui faut des conditions bien particulières pour qu'il s'y déplace en masse.

Le premier type de postes est un resserrement quelconque. Dès que le courant est conduit dans un étranglement, il se crée une dynamique intéressante. Il n'est pas besoin d'aller chercher bien loin car le premier poste immanquable de ce type est l'entrée/sortie du port. Si vous pouvez y pêcher, vous croiserez immanquablement la route de tous les loups ou bars qui veulent entrer ou sortir du port.

Le second type de postes à rechercher correspond aux lieux d'accumulation sur le fond de points d'ancrages. Les blocs de béton servant à ancrer les bouées sont envahis de coquillages, d'herbes et de poissons. Un bel appât posé sur le fond, à proximité de ces zones, a de fortes chances d'intéresser votre prédateur.

Ce qu'il faut absolument comprendre en pratiquant une pêche de port est la nécessité de passer de **longues heures** sur place. Dans un port, les poissons sont accoutumés à leur environnement. Ils sont bien présents à vos pieds, mais ils ne sont pas pressés par le temps. En opposition à bien d'autres techniques qui exploitent

des « moments » favorables, mais courts (de quelques minutes à quelques heures), la pêche en port exige du temps de la part du pêcheur. Vous pouvez évidemment profiter du **lever du jour** et de la **tombée de la nuit** qui sont deux périodes très favorables, mais vous vous apercevrez bien vite qu'il est tout à fait possible de prendre un bar ou un loup à des heures improbables, simplement parce qu'il mange lorsqu'il en a envie, et pas uniquement quand la nature lui en donne la possibilité... Pour pêcher au lever du jour, installez-vous deux bonnes heures avant et restez au moins jusqu'à midi. Durant cette plage horaire, le doute quant à une éventuelle prise ne vous effleurera pas ! Il en est de même pour la tombée du jour. Installez-vous en milieu d'après-midi et restez au moins jusqu'à 22 heures.

Les plages

Les plages sont indissociables du monde du pêcheur de bars. Directement liée à la pratique du surfcasting, une plage est une zone merveilleuse pour trouver les plus gros poissons. Les plages ont également l'avantage d'offrir un important potentiel lorsqu'il est impossible de pratiquer autrement. Si la mer est trop forte pour sortir en bateau ou pour pêcher sur les digues, la plage compense en attirant d'importantes quantités de poissons.

Les bars viennent essentiellement y glaner des coquillages, mais ils y trouvent également des vers et des crustacés (crabes de sable). Les plages n'attirent les bars qu'à la seule condition que les vagues soient de la partie. On peut en trouver par mer calme, mais ils sont bien moins nombreux !

Les postes que l'on recherche sont principalement des **banquettes**. Une banquette est un mur de sable créé par un banc de sable. Un trou, une dépression ou une faille peuvent être à l'origine de ces banquettes. Sous l'eau, les courants longent ces murs en véhiculant la nourriture. Les poissons s'installent donc tranquillement à flanc de ces banquettes pour intercepter la nourriture qui dérive sur le fond.

Il est important d'être très vigilant lors du choix du poste. Bien des pêcheurs passent à côté d'une belle pêche pour avoir « bâclé » ce moment important. En effet, une plage est constituée de sables

Tout ce qui est caché par la marée haute et qui peut offrir au poisson une zone de protection ou un affût de chasse est intéressant à répertorier.

meubles. Les courants érodent et transportent ces sables sur des centaines de mètres. Un gros coefficient de marée et c'est tout un banc de sable qui disparaît. Un gros coup de mer et c'est un immense trou qui se retrouve comblé. Il faut donc aller se promener au moins deux à trois fois par an sur les plages que l'on désire pêcher. Promenez-vous pour identifier les trous, les baïnes ou les bancs de sable. La pêche en plage se déroulant en grande partie **la nuit**, vous avez de grandes chances de vous tromper si vous arrivez tard sans avoir pu, à marée basse et en pleine journée, identifier précisément là où se forment les courants et là où se tiendront les poissons une fois l'eau revenue. Venir à marée haute et revenir à marée basse, observer la mer le matin ou le soir, par beau temps et par mauvais temps sont autant de précautions qui conduisent à une parfaite connaissance de vos postes de pêche.

Les zones végétales

Généralement concentrées, ces zones sont principalement liées à la nature des fonds. Il faut que ces derniers soient suffisamment stables pour que la végétation puisse s'y ancrer. Les sols rocheux, les fonds de galets ou de gravats ainsi que les sédimentations lourdes sont fortement colonisés par la végétation. La présence de végétaux favorise le développement d'une importante chaîne

alimentaire. Crustacés, petits poissons et vers sont donc très abondants, et c'est cette abondance qui intéresse notre poisson. On peut pêcher ces postes au leurre en choisissant bien évidemment la classe de leurre adaptée à la profondeur et à la distance du bord. Les pêches aux appâts naturels sur le fond sont aussi très efficaces et nécessitent des montages particuliers que nous verrons dans le descriptif de ces différentes techniques.

Le plus compliqué pour le pêcheur est d'identifier ces zones végétales car elles ne sont bien évidemment pas visibles. Plusieurs solutions s'offrent à nous : l'observation à marée basse de l'estran, la recherche de laisses végétales (cordon de détritus, végétaux déposés sur la plage à marée basse ou après les coups de mer méditerranéens) et bien entendu l'acquisition d'informations auprès des détaillants, pêcheurs ou organismes scientifiques.

Je tiens à préciser qu'il ne suffit pas que les herbes soient à portée de lancer pour intéresser le pêcheur. Elles peuvent être hors d'atteinte de vos leurres ou de vos appâts et rester intéressantes pour vous. En effet, même éloignées du bord, elles concentrent une importante nourriture qui, une fois délogée par les lames de fond ou les courants, viendra se répartir en bord de plage.

Techniquement, la problématique principale que l'on rencontre sur les zones végétales est **l'accumulation d'algues sur les hameçons**. Il existe bien des solutions techniques pour limiter ce problème, mais la meilleure chose à faire consiste à pêcher en dehors, et juste à la limite de la **zone critique**. Le poisson n'hésitera pas à quitter son abri

◄ Les couvertures végétales offrent à la fois nourriture et abri aux prédateurs. Le bar s'y repose, se cache du soleil et s'y alimente.

▲ Les zones végétales sont très souvent liées aux zones rocheuses. La présence de roches évoque inévitablement la présence d'herbiers.

Les côtes françaises recèlent de nombreux estuaires qui sont tous, sans exception, favorables pour trouver du bar ou des loups.

pour venir glaner quelque nourriture sur le sable. Il faut pour cela être capable d'estimer avec précision la distance à laquelle se situe la zone dangereuse pour arrêter le montage juste avant.

Les estuaires

Les estuaires sont des zones de pêche de premier choix pour traquer le bar. Ils ont la particularité d'offrir un mélange d'eau douce et d'eau salée, ce qui engendre un écosystème bien particulier. On y trouve fréquemment de très gros poissons, notamment au printemps et à l'automne lorsque les dépressions s'enchaînent.

Un estuaire est invariablement source d'oxygène. Le courant permanent offre de bonnes conditions de vie au poisson, ce qui lui permet de chasser efficacement sans perdre ses moyens. Les eaux douces d'un cours d'eau ou d'un fleuve sont généralement plus fraîches que les eaux de mer durant la saison chaude. Cela signifie que l'oxygène y est plus présent, permettant aux poissons de se rafraîchir et de moins souffrir de la chaleur. Lorsque la mer gronde, poussée par les vents du large, les estuaires se transforment en véritables champs de bataille. La force des deux courants opposés est considérable, générant des vagues lourdes et puissantes. Cela contraint la nourriture à rester bloquée sur un espace réduit, ce qui tend à créer d'importantes concentrations dont le bar ne manque

pas de profiter. On pêche les estuaires au leurre et aux appâts naturels pratiquement toute l'année. Seuls les mois très froids de janvier et février sont plus délicats, une période durant laquelle le poisson est en reproduction. Il est donc conseillé de laisser le poisson tranquille durant ce moment de l'année.

Un estuaire se dessine toujours de la même façon, ce qui aide le pêcheur à trouver rapidement ses marques sur un lieu qu'il ne connaît pas.

Un estuaire est toujours constitué d'un lit (chenal plus profond créé par le courant principal) et de flancs (bancs de sable bordant le lit). Le pêcheur s'intéresse principalement à la zone marine de l'estuaire appelée le **panache**. Les plages environnantes ainsi que la partie « visible » de l'embouchure sont exploitables. Les postes de pêche intéressants dépendent de l'état de la mer. Dans la plupart des cas, les temps calmes ne sont pas favorables. Il est préférable de bénéficier de la poussée de la mer ou de l'océan pour que les poissons pénètrent en masse dans l'estuaire. De belles vagues qui contrarient un courant descendant créent une « barre » nettement visible du fait de sa violence. Les vagues montent les unes sur les autres dans un fracas assourdissant, tentant de vaincre la force du courant opposé. Les bars se concentrent autour de cette zone qui doit être prise pour cible par les leurres ou les appâts. Si le mauvais temps s'installe durablement, les poissons se répartissent plus largement dans l'estuaire et l'on peut alors pêcher en longeant le lit du fleuve ou de la rivière.

Sentir la nature du fond

La méthode capable de définir la nature d'un sol est à retenir car elle est valable dans toutes les situations nécessitant une présentation bien localisée des appâts.

Cette méthode se base sur une simple canne munie d'un plomb lourd (150 grammes), et se réalise par mer calme. Pour cela je vous conseille d'utiliser un moulinet garni de tresse car celle-ci retransmet bien plus clairement les imperfections du sol à longue distance. En lançant un plomb au loin et en le récupérant lentement en grattant le fond, on peut analyser la dureté du sol. Un sol dur (argiles, graviers, galets ou roches) transmet des chocs à la canne. Les imperfections du sol ne sont pas régulières. Il est également possible de sentir des accrocs réguliers qui peuvent entraîner la perte du plomb. Un sol de sable est très régulier (petites vaguelettes de sable créées par la houle). Les signaux transmis à la canne sont donc cadencés de façon très homogène. Pour explorer correctement une zone de pêche on commence par lancer le plus loin possible. On réalise une marque sur la tresse à l'aide d'un repère visuel. Utilisez un marqueur blanc sur une tresse sombre ou un marqueur noir sur une tresse claire. Marquez votre tresse sur 10 centimètres à cet endroit. Moulinez en grattant le fond jusqu'à sentir les premiers accrocs sur le fond. Marquez à nouveau votre tresse en réalisant deux repères de 10 centimètres de long espacés l'un de l'autre de quelques centimètres. Ce repère indique la limite extérieure de la zone dangereuse.

Au lancer suivant, stoppez la ligne immédiatement après avoir vu le repère double sortir de la bobine. Moulinez très vite une dizaine de mètres avant que le plomb n'ait touché le fond et laissez couler la ligne. Grattez à nouveau le sol. Si les croches sont toujours présentes, relancez de la même façon, mais récupérez 20 mètres de ligne avant de reprendre contact avec le fond. Agissez ainsi jusqu'à retrouver des fonds de sable. À ce moment-là, réalisez une dernière marque faite de trois repères espacés.

Ce travail de reconnaissance permet d'identifier clairement la « zone délicate ». Tous vos lancers suivants devront être stoppés au niveau du repère triple pour ne pas tomber dans les herbes.

Avec un peu d'expérience, le pêcheur est capable de lire le fond de la mer avec la seule aide de son fil et de sa canne.

Chapitre 2

Les pêches aux appâts naturels

Les techniques abordées dans ce chapitre permettent de traquer les bars et les loups dans la plupart des conditions de pêche que nous rencontrons habituellement. Elles sont toutes orientées vers des postes et des conditions météorologiques particulières. Le **surfcasting** s'adresse aux plages de sable et profite des coups de mauvais temps. La **pêche à la calée** qui n'est autre qu'un dérivé du surfcasting s'ouvre à des postes de pêche bien plus larges et convient mieux aux jours de grand beau temps. Le **flotteur lumineux** profite directement de la forte activité nocturne de notre poisson et permet d'explorer les courants. Enfin, la **pêche au vif** est une traque précise destinée à surprendre les poissons à l'affût. L'œil du pêcheur revêt une importance majeure car scruter les courants, les vagues et les plus infimes indices que livre la mer est un exercice essentiel auquel on doit se livrer en permanence.

▲ Le bar et le loup se prennent avec des appâts naturels. Ces techniques sont très exigeantes car il faut tromper le poisson en respectant le comportement des appâts.

◀ La pratique du surfcasting entraîne une immersion totale dans le monde de la mer, avec tout son calme et sa colère.

L'appât ne peut avoir la puissance d'un leurre car il ne pourra jamais inciter un bar à attaquer autrement que par l'envie de manger. Un leurre est tout à fait capable de piquer un poisson qui n'est pas motivé par l'acte alimentaire, simplement parce qu'il l'agace, l'énerve et le contrarie. Un appât reste un appât et c'est pour cette raison que toutes les techniques qui font appel à lui sont bien plus exigeantes que la plupart des techniques de pêche aux leurres. Vous devez connaître les postes et les comprendre pour pouvoir présenter vos appâts correctement, car à quelques mètres près c'est l'échec qui vous attend.

Le surfcasting est la technique « reine » qui permet de prendre les plus gros bars à l'aide d'un appât. Les paysages magiques créent toujours des ambiances particulières dont on ne peut se passer.

Le bar en surfcasting

Le surfcasting se pratique traditionnellement par mer agitée, mais la modernité ayant mis son nez dans la technique a légèrement fait évoluer cette approche. On peut envisager de pêcher par belle mer en modifiant à la fois le matériel et les proportions des montages utilisés qui restent malgré tout assez semblables.

La technique du surfcasting repose sur deux modes de présentation des appâts : la **présentation statique** et la **présentation mobile**. Dans l'une, les appâts sont ancrés à un endroit précis grâce à une plombée fixée temporairement dans le sable, dans l'autre la plombée dérive avec le courant entraînant le montage et les appâts avec elle.

Les signes évocateurs

La mer rejette naturellement tout ce qui n'est pas ancré au fond. Les gros coups de mauvais temps arrachent des tonnes de nourriture et d'algues des fonds. À la fin du mauvais temps, la houle résiduelle pousse tout cela en terre. Ce que l'on peut appeler les « rejets » indique automatiquement un poste d'une grande valeur. Pour que ces rejets arrivent à terre, il leur faut obligatoirement un moyen d'y arriver. Vous devez donc systématiquement trouver un couloir de passage plus profond et généralement jouxté par une banquette ou un trou.

La présence de coquillages sur la plage est toujours un très bon signe.

Les bancs de roches

Les bancs de roches sont plus ou moins vastes. Parfois, deux simples cailloux peuvent fixer une vie considérable. Les moules, les algues, les crustacés et les vers qui y vivent finissent par faire exploser la vie et susciter l'intérêt des poissons. Plus l'étendue des roches est importante et plus on a de chances d'y prendre du poisson. Ce genre de poste est généralement occupé par des espèces autochtones comme les sars et les congres, mais ils sont aussi visités et occupés temporairement par les bars ou les loups.

Une fois le banc de roches précisément défini, il vous reste à identifier le **sens d'arrivée des vagues** et la **direction des courants**. Dans le premier cas, l'œil suffit à déterminer comment les vagues arrivent. Elles peuvent venir de la gauche, de face ou de droite. Cette direction est une première information qui aide à déterminer l'arrivée de la nourriture. Toutefois, cette direction peut être contrariée

▲ Les rochers sont des points de fixation de nourriture très importants. La conjonction avec les vagues crée des conditions favorables à la venue des poissons.

▶ Les plages de galets sont des supports qui favorisent le développement des herbiers. Il est fréquent de trouver sur ces plages des gros bars, mais également des sparidés.

ou confortée par les courants présents. Pour les jauger, lancez un plomb de 60 grammes et identifiez le sens de la dérive. Vous êtes désormais en mesure d'en déduire la zone précise où la nourriture décrochée des roches devrait stagner.

Lancez donc vos appâts dans cette zone, à une dizaine de mètres au maximum de l'emplacement des roches.

Les zones végétales

Les goémons atlantiques et les laminaires méditerranéens se déploient parfois en de vastes prairies côtières. Ces prairies sont généralement habitées par de très nombreuses espèces susceptibles d'intéresser les poissons que nous recherchons.

Le comportement du poisson à l'égard de ces postes est strictement identique à celui remarqué envers les bancs de roches précédemment évoqués, à la différence près que les prédateurs n'y établissent pas résidence. Ils y viennent donc à l'appel des vagues du large. Une fois de plus, on les recherche en fin de mauvais temps, lorsque les eaux se calment. La marche à suivre pour placer ses appâts est en revanche moins contraignante. On peut en effet placer ses appâts au beau milieu des algues avec des montages spécifiques qui présentent l'appât bien au-dessus. Si cette possibilité s'avère interdite par des accrocs réguliers, ramenez les esches vers la plage en réduisant la distance de tir comme nous avons pu le voir dans le premier chapitre.

Les trous et baïnes

Si les baïnes se différencient des trous méditerranéens par leur très grande spécificité, elles restent pour moi assez proches de ceux-ci dans leur mode d'attraction du poisson. Les trous agissent comme des collecteurs de nourriture, mais également comme des postes d'affût pour le poisson. Les **goulets** d'entrée et de sortie qu'ils présentent aux courants permettent aux poissons d'attendre la nourriture avec un minimum de fatigue et de grandes chances de réussite. La façon d'aborder ces trous dépend directement de leur **taille**. Plus ils sont petits et plus il est difficile de les pêcher.

Les trous et les baïnes permettent au poisson de se protéger de l'assaut des vagues tout en bénéficiant d'importants stocks de nourriture.

En Atlantique, les baïnes présentent une entrée et une sortie clairement reconnaissables par la fracture qu'elles opèrent sur les vagues. Venant du nord, les courants font pénétrer la nourriture dans les baïnes, laquelle se répartit et stagne à l'intérieur du bassin. Comme je l'ai évoqué plus haut, il est plus intéressant de rechercher les espèces prédatrices dans ces deux goulets, tandis qu'à l'intérieur de la cuvette résident les espèces plus calmes comme les poissons plats, les raies ou les sparidés.

Les trous méditerranéens sont plus délicats car en présence de courants, la nourriture réside généralement peu à l'intérieur, chassée par le flux liquide. Ils permettent cependant de ralentir les courants et de concentrer le passage de la nourriture. Ils restent donc toujours intéressants pour le pêcheur. En fin de mauvais temps, ils prennent tout leur intérêt et deviennent des postes majeurs et incontournables.

Bien que moins développés que les baïnes, les trous méditerranéens ont un impact très similaire sur la présence des poissons.

Qu'il s'agisse de l'Atlantique, de la Méditerranée ou de la Manche, l'**approche stratégique** d'un tel poste se pratique en fonction des espèces que l'on recherche. Les amateurs de gros poissons placent leurs appâts dans les couloirs amont et aval de la cuvette. Les prédateurs se placent précisément en ces endroits car ils peuvent intercepter par surprise des proies affolées et paniquées par le courant. Dans la cuvette, leurs efforts pour capturer leurs proies sont nettement plus conséquents du fait de la masse liquide. D'autre part, et ceci pour nos amis pêcheurs en Atlantique, les marées descendantes favorisent encore moins la glisse des gros poissons dans les cuvettes par manque d'eau. Précisons pour finir que les appâts gagnent à être placés à la sortie de la baïne en descendante et à l'entrée à la montante, ceci pour des raisons logiques de passage de la nourriture.

Les banquettes de sable

Une banquette de sable est un secteur stratégique qui longe généralement les bancs de sable ; c'est le flanc d'un banc de sable qui conduit à une zone plus profonde. La grande erreur des pêcheurs en surf est de ne pas s'attacher à reconnaître les **bonnes vagues** qui indiquent très précisément ces banquettes. Trop de pêcheurs se contentent de lancer leurs appâts aussi loin qu'ils le peuvent sans réfléchir réellement à ce qui peut attirer le poisson. En réalité, un banc de sable est toujours très mauvais pour une raison toute simple : la profondeur étant plus faible qu'aux alentours, les vagues y sont plus

Formation d'une vague

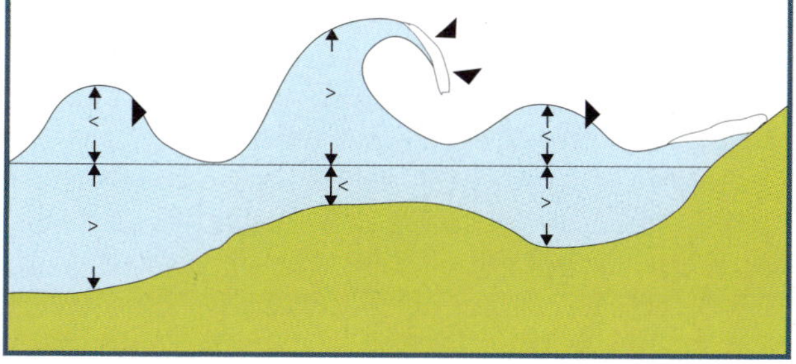

Une vague se brise lorsque sa hauteur (de la crête à la base) dépasse la profondeur d'eau sous-jacente (de la base de la vague au fond). Pour que ces brisants soient parfaitement lisibles, il faut que la hauteur de la houle soit proportionnelle à l'importance des trous de la plage. Une plage relativement plate se lira mieux avec une faible houle qu'avec une houle conséquente.

▲ Une banquette de sable crée une augmentation de la hauteur des vagues et devient ainsi facilement repérable.

▶ Les poissons se placent toujours dans les trous formés entre les banquettes de sable.

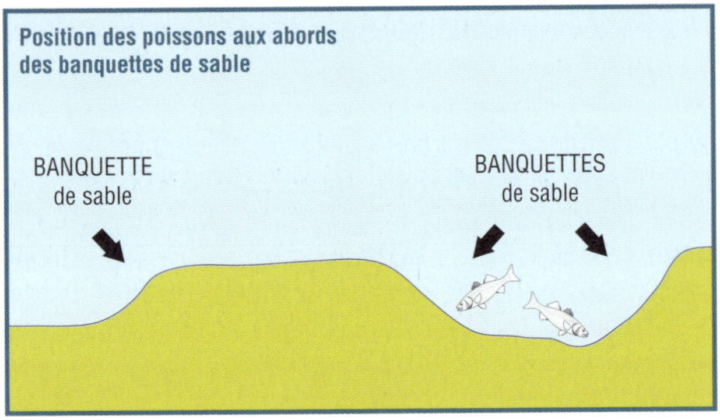

rapprochées et plus fortes. Il est difficile pour les bars de résister bien longtemps sur des secteurs aussi tourmentés par les vagues car ils finissent par s'épuiser. Pourtant, les bancs de sable sont nourriciers. Un grand nombre de coquillages et de crabes s'y logent et c'est cette nourriture qui intéresse les bars. Que faire alors ? Réfléchir, tout simplement ! Les vagues ont pour effet d'éroder le sable, et donc d'en déloger la nourriture. Ces coquillages et crustacés sont poussés par la houle vers la plage et finissent obligatoirement par glisser sur une banquette pour terminer dans le creux en contrebas. Les poissons se tiennent là : en bas de ces banquettes. Ils y sont abrités des vagues et des lames de fond et n'ont qu'à attendre la nourriture qui descend.

De plus, ces banquettes permettent également de localiser les « **couloirs** » plus profonds qui longent la plage. Les poissons les empruntent pour passer d'un poste à un autre. Placer un appât dans l'un de ces couloirs peut donc très bien vous rapporter des poissons de passage.

Les pointes de sable

Les plages sont très fréquemment pourvues de pointes plus ou moins grandes. Ces pointes sont des avancées de sable créées par les vents ou les courants qui déposent régulièrement du sable. La particularité d'une pointe de sable est de s'opposer au courant qui longe la plage. Elle crée donc une zone de concentration de nourriture car les **courants** qui transportent la nourriture se retrouvent bloqués par cette formation. Une pointe peut être plus ou

Une pointe de sable a pour particularité de couper les courants ou les vagues. Elle doit être privilégiée sur tout autre type de poste.

Position des poissons sur une pointe de sable

C'est en coupant les courants qu'une pointe de sable offre aux poissons un abri sûr et profitable.

moins grande, de quelques dizaines de mètres carrés à plusieurs centaines. Plus elle est vaste et plus elle est intéressante à pêcher.

En Atlantique, bien que ce soit assez rare, on peut trouver des zones miraculeuses constituées de deux baïnes qui se succèdent. L'entrée de l'une et la sortie de l'autre sont généralement séparées par une de ces pointes de sable. En pêchant à l'**extrémité d'une pointe**, nous avons accès à des profondeurs souvent plus importantes car elles pénètrent plus ou moins loin dans la mer. Elles sont également d'excellentes alliées qui, en cas de courant latéral, concentrent les poissons en deux zones bien précises. La première est située du côté d'où provient le courant. Le creux constitué à la jonction de la pointe avec la plage génère un courant tournant au sein duquel tournoie de la nourriture. Les bars peuvent se trouver là, dans ces quelques mètres carrés. Il ne faut pas se tromper au moment de lancer car sur ce poste les poissons sont dans vos pieds ! La deuxième zone intéressante est située à l'extrémité de la pointe, sur le versant opposé au courant. En longeant la pointe, le courant s'échappe vers le large et crée une perturbation plus légère, mais suffisante pour libérer une certaine quantité de nourriture. Ce poste est à privilégier en cas de très fort courant car les poissons viennent également s'abriter derrière la pointe de sable. Ils ciblent alors les proies qui passent devant leur museau en quittant l'obstacle.

Surfer et s'adapter

Le surfcasting n'est pas qu'une pêche d'attente, il sait aussi être une pêche active. Les plus grands spécialistes savent pertinemment que rien ne doit être laissé au hasard. Bouger ses cannes est un des impératifs incontournables qui mènent à la réussite. Faire varier les distances de pêche ou décaler ses cannes de quelques dizaines de mètres permet de contrer les impondérables que nous réserve Dame nature. Changer ses appâts et surtout proposer du choix est aussi une manière de ne pas passer à côté. En ce qui concerne les appâts, je ne peux manquer de vous donner un conseil qui peut vous être d'une grande utilité. Si vous avez la chance de pêcher un jour à proximité d'un rejet naturel dans lequel se trouvent des coquillages, utilisez-les en toute priorité. Vous pourrez constater que ces esches ont une valeur nettement plus intéressante que vos propres appâts !

En surfcasting, il faut parfois savoir marcher un peu pour trouver le poisson.

Les nombreux **repérages** qui peuvent s'avérer nécessaires pour décrypter précisément une plage doivent, à un moment ou à un autre, laisser place à la pratique. Lorsqu'il faut choisir un poste en fonction des données météorologiques et saisonnières dont on dispose, il faut pouvoir mettre dans la balance les connaissances que l'on a du secteur de pêche. Pour cela je vous conseille de mettre en œuvre une approche plus légère du surfcasting. Partez en pêche avec une seule canne, réduisez la quantité de matériel au maximum de façon à pouvoir vous déplacer facilement sur la plage. Tout en pêchant vous multipliez ainsi le nombre de postes à découvrir et au final, votre perception du secteur de pêche s'en trouve ainsi améliorée.

▲ Une plage ne se pêche pas sans repérage. Il est important de localiser les trous, les banquettes et les courants pour placer correctement ses appâts.

Deux facteurs sont à prendre en considération : les vents et les marées.

Sur toute la façade atlantique, le jeu des **marées** suffit bien souvent à créer de bonnes conditions pour le poisson. Les vagues de bordure lèvent facilement et même par beau temps il reste possible de pêcher en surf lourd à la faveur du crépuscule. En Méditerranée, l'absence manifeste de marée neutralise les eaux et l'on doit absolument bénéficier de vents de mer relativement soutenus pour que les vagues se forment. Les pêcheurs qui ont la chance de pratiquer en Atlantique peuvent donc pêcher efficacement tout au long de l'année.

L'importance des **vents** sur la qualité de la pêche dépend de la zone géographique concernée. Dans le Sud, ces vents sont indispensables pour que la mer prenne un visage convenant à la pratique du surfcasting lourd. Seuls les vents de terre sont défavorables car ils couchent la mer au lieu de la soulever. Les vents de sud, est ou ouest sont plus ou moins intéressants en fonction de l'orientation

▶ Les marées engendrent des mouvements d'eau considérables qui mettent au jour la nourriture que recherchent les bars.

de la plage, et surtout de la façon dont ils se développent. Généralement, les coups de vents rapides et brefs sont mauvais. Un bon coup de vent est celui qui se développe au large. Il s'installe durablement (au moins 24 heures) et crée de la houle et des lames de fond. Lorsque ces lames atteignent le bord, elles poussent en terre de grosses quantités de nourriture. Les poissons ont donc de bonnes raisons de se déplacer et ont surtout le temps de se répartir sur les plages.

Les quelques heures qui suivent un **coup de mer** sont la plupart du temps les meilleures. Les courants se calment et la houle résiduelle concentre la nourriture sur des zones bien précises.

Sur la façade atlantique, les baïnes sont les postes les plus réputés et les plus riches au niveau halieutique. Toutes différentes les unes des autres, elles ne s'expriment réellement qu'en fonction d'**un certain coefficient de marée**. Les plus petites se vident facilement sur des coefficients moyens, d'autres, bien plus vastes et profondes nécessitent des coefficients importants. Je rappelle pour mémoire que plus le coefficient de marée est élevé et plus la mer se retire, offrant ainsi au pêcheur un accès à des zones de pêche habituellement inaccessibles. Les plus grands coefficients (plus de 90 sur les tables de marées) découvrent les postes de

Lorsque les vagues meurent, toute la nourriture se dépose sur le fond. Les poissons ont plus de facilité à se nourrir et ils sont généralement très actifs durant ces quelques heures.

Qu'est-ce qu'une baïne ?

En Gironde, les postes de pêche sont très souvent associés aux fameuses baïnes. Ces immenses trous qui jalonnent les côtes sont créés par les instabilités sableuses qui, sous l'effet des courants nord-sud, dégagent de vastes étendues. Ces baïnes sont extrêmement intéressantes car elles forment des courants bien localisés, et sont à elles seules des postes complets qui offrent une multitude de sites exploitables. De nombreuses espèces y transitent, y compris celle qui nous intéresse aujourd'hui : le bar.

▼ Arriver une à deux heures avant la bonne période estimée permet de faire les derniers réglages nécessaires sur place.

pêche les plus prometteurs. Les plus grandes baïnes se dévoilent totalement, donnant accès au large directement à partir de la langue de sable extérieure.

Pour anticiper l'arrivée des poissons sur le poste, il n'y a rien de mieux que d'arriver deux à trois heures avant la fin du cycle (descendant ou montant) de marée. Vous pouvez ainsi observer le poste et vous adapter aux courants. Restez ensuite une à deux heures après l'étale pour profiter aussi longtemps que possible de la présence du poisson. À partir de la troisième heure, ainsi que durant la quatrième, les courants sont généralement trop forts pour pêcher correctement.

Nous l'avons déjà souligné : le bar et le loup pris en surfcasting ont une attitude bien particulière. Ils recherchent une nourriture morte ou vivante, mais en toute circonstance naturelle. Le nombre d'appâts utilisables est tout simplement phénoménal, et je n'ai encore jamais croisé un pêcheur qui les ait tous utilisés. Je vous propose ici un court menu incontournable constitué de dix appâts de base que vous aurez très certainement à utiliser : des coquillages, des crustacés, des vers, des céphalopodes et des poissons. La grande majorité d'entre eux doivent être utilisés.

Les **coquillages** sont très efficaces durant les saisons froides. Cela vient du fait qu'ils prennent une grande place dans l'alimen-

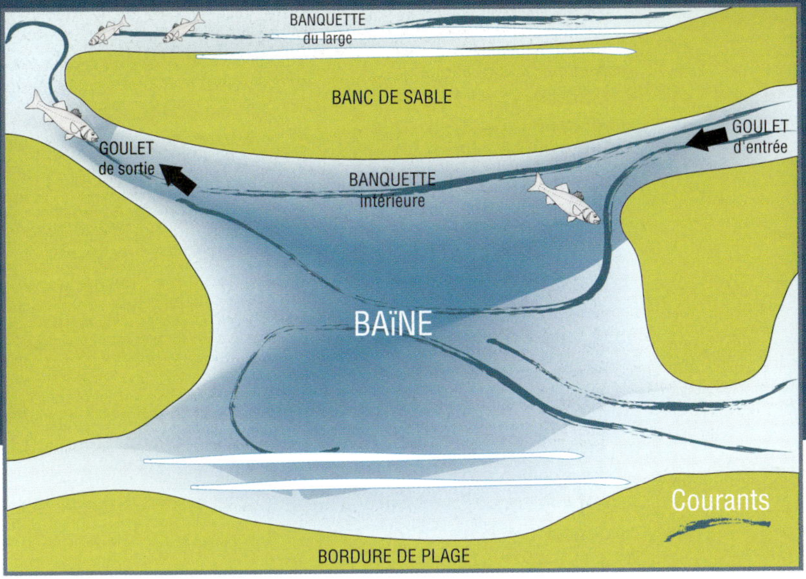

tation du poisson lorsque les autres sources de nourriture disparaissent peu à peu. Je retiens deux coquillages essentiels que vous pouvez vous procurer facilement chez les détaillants (couteaux) ou en poissonnerie (clams).

Les **couteaux**: le couteau peut être utilisé frais, congelé ou salé. Il est l'un des rares appâts à pouvoir supporter autant de traitements. En Méditerranée, il est quasiment incontournable et la grande majorité des pêcheurs l'utilisent pendant les coups de mer. On le monte sur un gros hameçon à hampe longue (n° 2 à 2/0), puis on le ligature avec du fil élastique. Cette ligature est inodore et invisible et permet

◀ Le couteau est le coquillage favori des pêcheurs en surfcasting.

▼ Les coquillages sont plutôt des appâts de début ou de fin de saison. Ils offrent de belles bouchées comparées aux vers en tous genres.

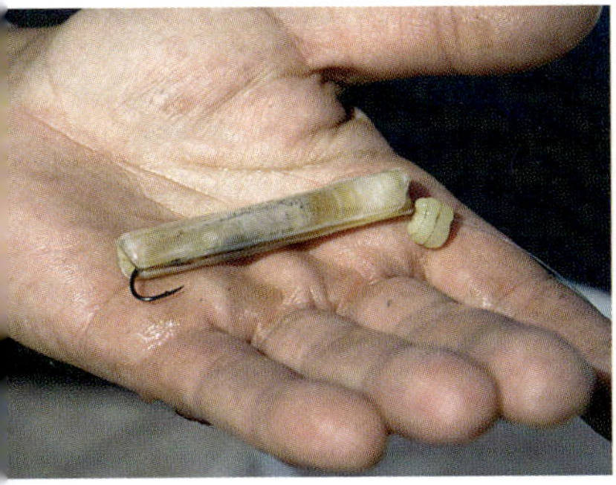

▶ Les coques rouges sont charnues et résistent bien à la congélation.

aux chairs du coquillage de supporter la puissance du lancer. Il faut le vérifier régulièrement et le changer dès qu'il devient trop fragile. Il convient à tous les types de plage, ainsi qu'en digue ou en estuaire.

Les **clams** : ces gros coquillages ronds constituent de grosses bouchées idéales pour les saisons froides. Loin d'être un appât d'une efficacité redoutable, il a le mérite de sauver des parties de pêche par sa disponibilité en poissonnerie. En plein hiver, lorsque la mer est mauvaise depuis plusieurs jours, il devient vite impossible de trouver des couteaux frais. Le clams est dans ce cas un substitut intéressant. On le monte sur de gros hameçons ronds appelés « octopus » et on le ligature de la même façon que le couteau.

▼ Le crabe mou se trouve au printemps en fouillant les algues.

▼▼ Facile à trouver dans le commerce, la chair de gambas peut être un appât de choix.

Les **crustacés** sont plus difficiles à utiliser car en matière de surfcasting, et notamment pour le bar, on peut vite oublier les deux espèces courantes que sont le crabe dur et la crevette. Le premier n'intéresse que très rarement le bar et la seconde est bien trop fragile. Je retiens donc les deux appâts que sont le crabe mou et la chair de gambas.

Le **crabe mou** : impossible à trouver dans le commerce, le crabe mou est un crabe en pleine mue. Après avoir perdu sa coquille, il devient très vulnérable car excessivement mou. On le ramasse en attrapant les gros crabes durs sous lesquels sont fixés d'autres crabes plus petits. Chaque pensionnaire est soit mou, soit mollet (c'est-à-dire légèrement plus dur). On le fixe sur un hameçon rond avec du fil élastique jusqu'à ce qu'il soit parfaitement attaché. Très fragile, cet appât est pourtant l'un des meilleurs qui soient pour attraper des gros bars !

La **chair de gambas** : bien qu'assez coûteux, cet appât a le même mérite que le clams, on le trouve dans tous les supermarchés. Au printemps et à l'automne cet appât fournit de beaux morceaux de chair qu'il faut également ligaturer sur l'hameçon pour une tenue suffisante. Si les bars peuvent être des prétendants à sa consommation, ils ne sont pas les seuls et les gros sars leur feront une concurrence acharnée.

Les **vers** ne sont pas réputés pour rapporter de gros poissons, pourtant dans les faits il en va tout autrement. J'ai sélectionné deux vers essentiels : l'un pour la Méditerranée, l'autre pour l'Atlantique et le Nord.

L'**arénicole** : ramassée sur la grève ou achetée chez votre détaillant, l'arénicole est un appât de base dont il ne faut pas se passer. Montées sur un gros hameçon à hampe longue, les arénicoles doivent constituer de belles bouchées. Elles sont très efficaces sur les sols chargés de vase ou à proximité des zones rocheuses.

Le **ver de chalut** : cet appât typiquement méditerranéen est quasiment impossible à ramasser soi-même. On doit l'acheter et

1 L'arénicole est l'appât de base dans certaines régions de France, et notamment dans le Nord.

2 Le ver de chalut est probablement le plus onéreux des appâts du commerce, mais il peut faire de véritables miracles.

3 Si le calamar est acheté dans le commerce, il doit être bien rouge et d'une fraîcheur exemplaire.

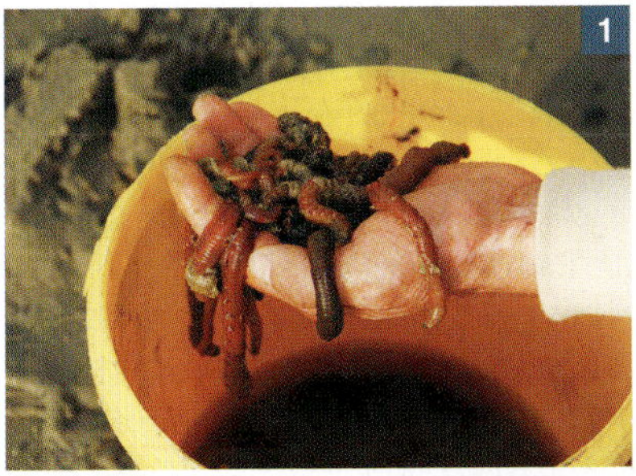

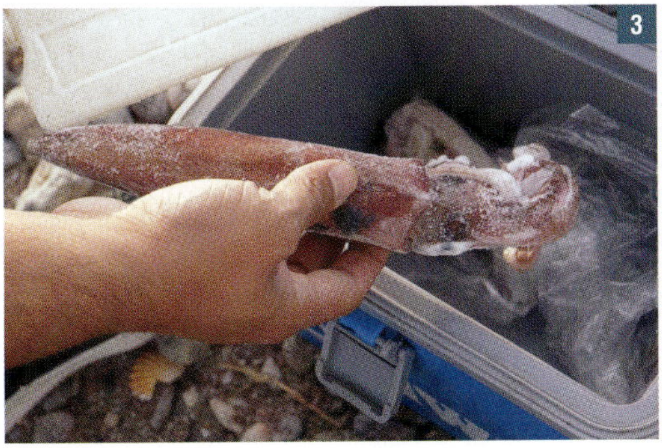

4 En plus d'être un excellent appât pour le bar, la seiche est aussi un animal qui peut être pêché au leurre (à l'aide de turluttes).

son prix peut en dissuader certains. Utilisé en petits morceaux de 5 à 10 centimètres sur un hameçon à hampe longue adapté, il est l'un des tout meilleurs appâts qui soient du printemps à l'automne. Si vous avez les moyens, n'hésitez pas à vous en procurer !

Les **céphalopodes** sont des mets de choix pour les gros bars. Bien utilisés, ils rapportent la majeure partie des très gros bars et loups du pays. Je sélectionne la seiche et le calamar qui ont une efficacité comparable. On les utilise de l'automne au printemps, mais sous certaines conditions ils peuvent aussi être mis en avant dans des parties de pêche estivales.

La **seiche** : la meilleure seiche qui soit doit être pêchée par le pêcheur lui-même. Vous ne trouverez jamais la qualité requise en achetant des blancs de seiche en poissonnerie ! Il est donc temps de vous mettre à la turlutte pour attraper le petit caprice de votre prochain gros bar. Bien fraîche, la petite seiche (appelée casseron) peut être présentée entière sur deux gros hameçons octopus. Un gros qui traverse la tête (1/0 à 3/0) et un plus petit (2 à 1/0) piqué à l'extrémité du manteau. Présentée dans le courant, elle ne manquera pas d'attirer tous les bars du coin. Les grosses seiches doivent être débitées en lanières. Coupez le blanc de seiche en languettes longues. Piquez la languette sur un hameçon octopus (2/0 à 4/0) comme indiqué dans le schéma.

La sardine est un appât souvent dénigré qui offre pourtant de bonnes chances de succès.

Le **calamar** s'utilise aussi très frais et ne supporte pas la médiocrité. La taille idéale est d'une quinzaine de centimètres, trop gros les calamars ne conviennent plus. Montez-les comme décrit précédemment avec deux hameçons et vérifiez-les régulièrement.

Les **poissons** sont relativement peu utilisés, mais ils peuvent être une option intéressante dans certains cas. J'ai retenu la sardine pour la Méditerranée et le lançon pour l'Atlantique.

La **sardine** est relativement fragile et difficile à lancer loin. On la réserve donc à des postes de pêche qui ne nécessitent pas de grandes distances de lancer comme les estuaires, les digues ou les plages à forte déclivité. Montez le poisson entier avec un gros hameçon piqué dans la gueule et lancez en douceur à quelques dizaines de mètres seulement. L'idéal est d'avoir à disposition un joli courant qui fait travailler l'esche, d'où l'intérêt des estuaires. Cet appât convient à toutes les saisons.

Le **lançon** est l'appât roi des pêcheurs de baïnes. Fréquemment présent dans ces grands trous, il est la cible privilégiée de tous les bars du coin qui tapent dans les « boules de lançons » à longueur de journée. On peut se le procurer chez les détaillants, frais ou congelé. Les plus vaillants iront le pêcher au filet dans les baïnes, mais après avoir pris connaissance de la réglementation de leur zone de ramassage. Simplement piqué par la tête sur un gros hameçon en carbone, le lançon doit être placé dans un courant de baïne, soit à l'entrée, soit à la sortie. Cet appât est principalement estival car il disparaît des côtes une fois l'hiver installé.

Le lançon, dont la pêche est réglementée, est pris pour cible dès le printemps par les gros bars de plage.

La pêche en surfcasting est probablement la technique la plus difficile à maîtriser pour le novice !

Pêche d'attente par excellence, la calée est aussi l'occasion de partager la mer en famille.

Le bar à la calée

Si le surfcasting fait appel à un nombre incalculable de paramètres tels que la météo, le profil des fonds ou les montages – entre autres –, il est une technique qui se résume en trois mots : beau temps, facilité et pratique… nous parlons de la pêche à la calée. Il s'agit là de pêcher des poissons sur des zones calmes, au contraire du surfcasting qui nécessite des plages agitées. Bien évidemment, ce n'est pas parce que la mer ne bouge pas que le bar ou le loup cesse de s'alimenter. Dès lors que l'on pratique une pêche légère avec un montage quasi unique et en des lieux autres que les plages, on doit

La technique de la calée permet de toucher des poissons de passage. Elle offre l'opportunité de profiter des « heures favorables » pas toujours faciles à cerner.

plutôt parler de pêche à la calée. Cette technique est en effet très simple et facile à mettre en œuvre.

La pêche à la calée est une **technique estivale** praticable du printemps à l'automne. Tant que les poissons sont présents en masse, on a de bonnes chances de les intercepter ou de les trouver installés sur ces postes typiques.

Dès que le calme des eaux devient lourd et imposant, les poissons adoptent des habitudes alimentaires bien particulières. Ils se nourrissent bien souvent au lever du jour et à la tombée de la nuit et même parfois en pleine journée. Il est bien difficile de savoir à quel moment le poisson va mordre et c'est pour cette raison que je vous conseille de prendre votre temps, de prévoir de **longues parties de pêche** et de rester en place au moins cinq à dix heures. Deux solutions s'offrent à vous : privilégier le **petit matin** ou le **crépuscule**. Calez votre partie de pêche à cheval sur le lever du jour ou sur la tombée de la nuit, un peu comme vous le feriez pour une heure de marée. Cette technique exige de la patience car bien souvent, rien ne se passe pendant des heures. L'avantage est que ces longs moments d'attente peuvent être mis à profit pour pêcher autrement, au flotteur par exemple, pour divertir les enfants.

Contrairement au surfcasting, qui nécessite des coefficients assez forts, la pêche à la calée exige des **petits coefficients**. Privilégiez les jours de mortes eaux lorsque les courants sont quasi inexistants. Cela favorise la mise en œuvre de cette technique certes basique, mais véritablement efficace.

Les conditions de pêche que j'évoque ici entraînent une particularité dans les montages qu'il faut réaliser. Pour capturer une proie inerte posée sur le fond, notre poisson le balaie de la queue. Le mouvement d'eau ascendant induit par la queue soulève l'appât que le poisson n'a plus qu'à aspirer. C'est ainsi que l'on peut se casser le nez en utilisant des bas de ligne trop courts. Le montage essentiellement préconisé est un simple « coulissant ». Il peut être réalisé avec un **plomb coulissant** traversé par la ligne ou agrémenté d'un **coulisseau** qui permettra d'agrafer un plomb doté d'un anneau. Ce montage est complété par un bas de ligne dont la destination première est de traîner sur le fond. Ce bas de ligne doit mesurer un minimum de 1 mètre faute de quoi il risque d'alerter le poisson. L'appât peut ne pas se soulever naturellement et la moindre incohérence peut inciter le poisson à refuser. Personnellement, j'utilise essentiellement des nylons d'un diamètre compris entre le 20/100 et le 26/100, de préférence en fluorocarbone. De tels diamètres imposent des **cannes légères** et relativement souples. Si vous utilisez des cannes trop puissantes, les risques de casse se trouvent accentués par la rigidité du carbone. Si vous ne pouvez faire autrement qu'utiliser vos cannes de surfcasting, veillez à régler correctement le frein de votre moulinet.

◀ Il faut parfois attendre des heures le passage du poisson, mais si les appâts ne sont pas grignotés, cela annonce son arrivée certaine.

▼ Évitez les cannes trop raides pour ce type de pêche car elles peuvent entraîner des casses ou des décrochages.

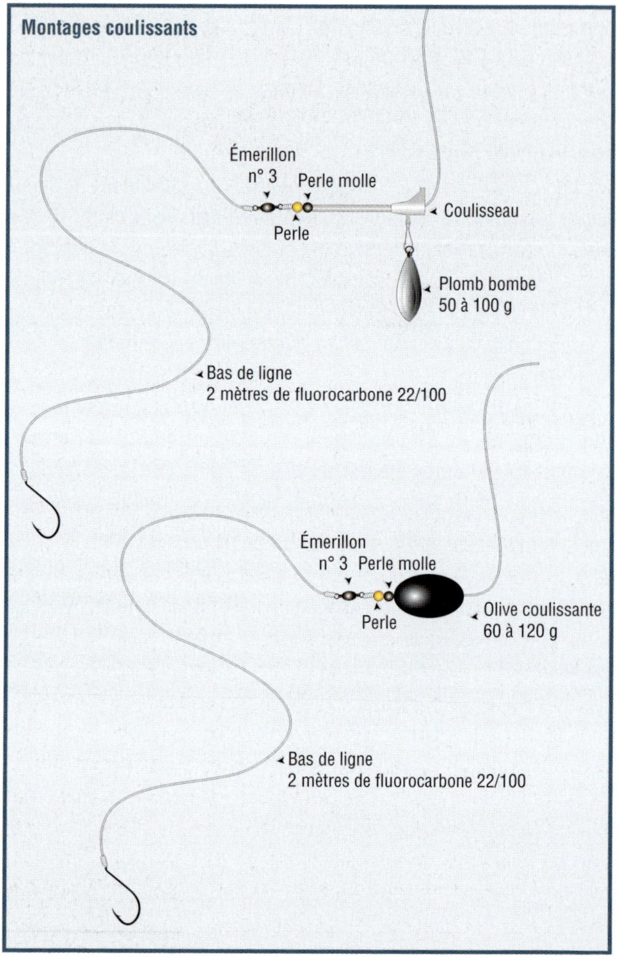

▼ Le montage coulissant est le plus traditionnel qui soit, mais il est irremplaçable. Simple et efficace, il est un bon point de départ.

L'action de pêche est on ne peut plus simple puisqu'il suffit de déposer votre appât sur le fond et d'attendre. Je vous conseille de détendre votre ligne pour éliminer toute résistance lors de la prise en gueule du poisson et de maintenir un frein légèrement desserré pour éviter les casses à la touche.

◀ Les loups répondent très bien à des appâts présentés sur le fond à la calée.

Si vous pêchez sur une zone dégagée prenez votre temps, laissez le poisson se fatiguer jusqu'à ce qu'il monte en surface. Dès qu'il a pris l'air, un bar ou un loup s'épuise très vite. Vous n'aurez jamais affaire à une défense longue, mais dans le cas où vous pêchez à proximité d'un obstacle potentiel il faudra être très attentif après la touche. En effet, si un appât posé à proximité d'une roche ou d'un plot de béton a toutes les chances d'être vu, il vous expose également au risque de voir le poisson partir dans l'obstacle. Il faut à tout prix l'en empêcher en maintenant une **pression** permanente sur la ligne, et ce jusqu'à ce que le poisson change de direction.

Pour espérer intéresser un loup ou un bar dans des conditions de pêche aussi calmes, il est fortement recommandé de pêcher avec des **appâts vivants**. Les crevettes, les petites seiches tout fraîchement récoltées, les lançons vivants ou les petits mulets sont des appâts de choix. Le crabe mou est un appât irrésistible auquel s'ajoutent la gravette blanche et le ver de chalut. Évitez les coquillages qui ne conviennent pas aux exigences d'un poisson bien souvent stressé par l'agitation ambiante.

▼ La technique du flotteur lumineux permet de belles prises. Les bars sont souvent actifs la nuit, synonyme de tranquillité pour eux.

Le bar au flotteur lumineux

Pêcher le bar au flotteur lumineux est une façon de répondre parfaitement aux habitudes de ce chasseur nocturne. Cette technique à la fois fine et précise peut vous rapporter ces gros poissons qu'aucune autre technique ne saurait faire craquer. Venue tout droit de Méditerranée, l'approche que je vais vous présenter ici est tout à fait transposable à d'autres régions de France. Elle offre également un fort potentiel de couverture, permettant au pêcheur de couvrir de très vastes zones de pêche en exploitant les courants. Les loups chassant la nuit dans les courants, cette technique devient donc très vite une évidence.

Le montage a pour vocation principale de promener un appât vivant (crevette ou lançon) au plus près du fond. Le flotteur doit suivre précisément les **veines d'eau du courant** en respectant scrupuleusement la **vitesse d'évolution** de ce dernier. Il s'agit là de la principale difficulté de la technique sur laquelle il faut travailler car un bar ou un loup refusera irrémédiablement votre appât s'il ne circule pas en parfaite cohésion avec son environnement.

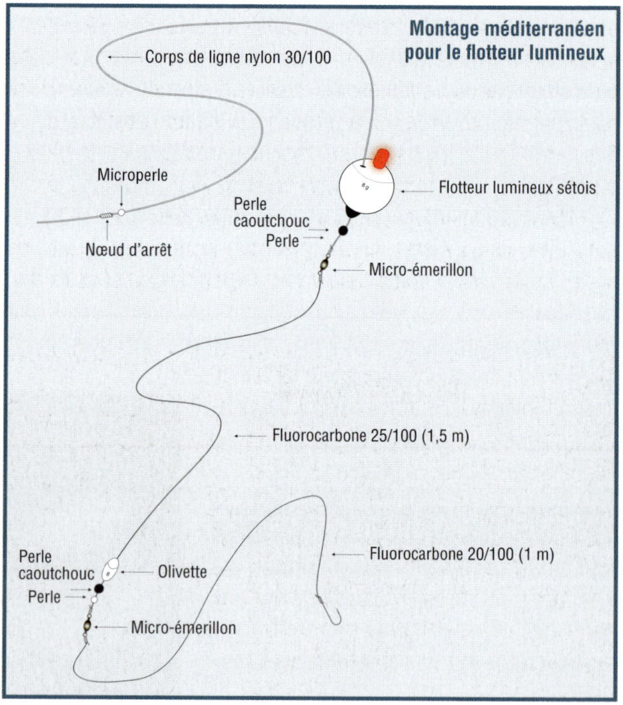

Notez comme les différentes parties de la ligne s'affinent. Ceci a pour but d'éviter de perdre le flotteur, élément coûteux du montage.

Deux facteurs peuvent contrarier la vitesse de dérive de votre appât : la **bannière de la ligne** formée à la surface et le **poids du plomb** du montage.

Dans les deux cas, le courant s'empare de la ligne et fait dériver le montage bien plus vite qu'il ne devrait. La bannière de surface est la plus gênante. Elle est en fait créée par la ligne posée en surface. Un courant se décomposant en de nombreuses veines d'eau, et certaines étant plus rapides que d'autres, il est fréquent que votre bannière soit entraînée par des courants plus rapides. Il faut donc suivre votre flotteur le long de la berge pour réduire au maximum la longueur de bannière existant entre la pointe de votre canne et le flotteur. Il ne doit persister aucun ventre dans la ligne. Pour cela vous devez éliminer les cannes courtes qui ne permettent pas de résorber correctement cette bannière. Une canne pour le flotteur lumineux doit mesurer un minimum de 4 mètres, 5 à 6 mètres étant des longueurs confortables. Cette canne doit pouvoir porter un minimum de 30 grammes de poids, ce qui équivaut à un flotteur d'une portance de 20 grammes environ. Elle doit aussi supporter des combats avec des poissons de belle taille. Ce type de canne peut se trouver dans les rayons spécialisés dans les **pêches**

◀ Les appâts sont ici présentés vivants et leurs mouvements naturels suffisent à briser la méfiance des bars.

◀ Les cannes pour le flotteur lumineux sont longues pour permettre un ferrage efficace et un bon contrôle de la bannière de fil.

▼ Pour éviter que l'appât ne « drague » sur le fond, il faut contrôler la prise du courant dans la ligne.

Le poids de la plombée permet d'équilibrer le comportement du montage. Il faut bien veiller à respecter chaque paramètre.

à la bolognaise. Le moulinet peut être petit, d'une taille comprise entre 2 000 et 3 000, et garni de nylon en 28/100.

Le second facteur de dérive accélérée est une plombée inadaptée. Vous devez vous procurer plusieurs flotteurs de portance différente pour vous adapter aux courants. Un courant léger se satisfait d'une plombée légère (5 à 10 grammes), tandis qu'un courant plus ou moins fort exige une plombée plus lourde (entre 10 et 20 grammes). Si vous constatez que votre flotteur dérive encore trop vite après avoir résorbé la bannière, augmentez le poids du plomb et changez de flotteur !

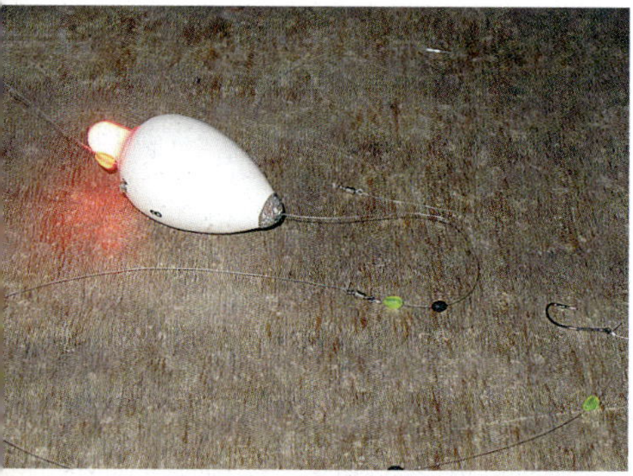

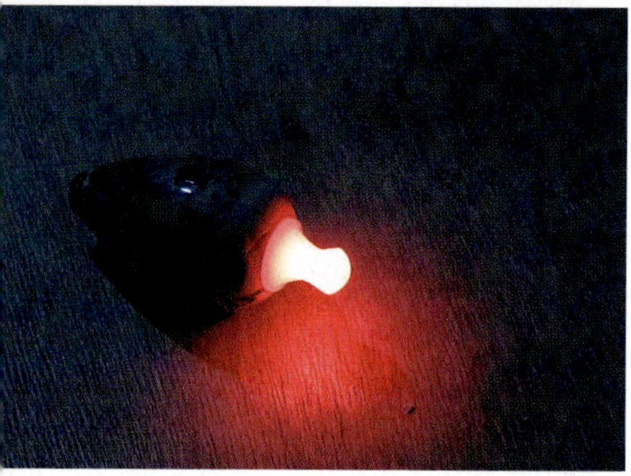

La taille du flotteur peut influer sur la vitesse de dérive de l'appât. Il est important d'adapter le flotteur à la vitesse du courant.

Le flotteur lumineux est un **flotteur coulissant** qui permet à la ligne de glisser jusqu'au point de butée matérialisé par un nœud sur la ligne. En déplaçant cette butée sur le fil, on augmente ou on réduit la profondeur de pêche. Le montage présenté ici est spécialement adapté à cette technique, et notamment au type de flotteurs utilisés. L'antenne lumineuse qui dépasse du flotteur est une source d'ennui si le montage n'est pas adapté. En pratique, si le plomb est placé directement sous le flotteur, il arrive fréquemment que le bas de ligne passe derrière l'antenne, bloquant ainsi la descente de la plombée. Pour contrer ce problème, le montage doit éloigner le flotteur du bas de ligne pour éviter tout risque de blocage. Ce montage se décompose ainsi :

– Le corps de ligne sur lequel est positionné le flotteur coulissant et son « arrêt ». Cet arrêt peut être une ligature de nylon ou un nœud vendu dans le commerce pour cet usage précis. Le flotteur repose sur deux perles, l'une dure et l'autre en caoutchouc pour

Gratter les fonds

La technique du flotteur lumineux est dépendante de la lecture du fond. Le pêcheur doit connaître précisément la profondeur pour pouvoir présenter son appât au plus près du sol. La méthode s'appelle le « sondage » et consiste à fixer sur l'hameçon un plomb de 20 grammes. Ce lest additif fait couler le flotteur et permet ainsi d'ajuster progressivement la position du nœud d'arrêt. Tant que le flotteur coule, vous devez remonter le nœud, c'est aussi simple que cela. Dès que le flotteur ne coule plus, cela signifie que le lest additif touche le sol et que l'appât sera à la bonne profondeur.

Pris au flotteur lumineux, un bar de cette taille est un pur bonheur qui nécessite discrétion et finesse extrême.

Les appâts

Je vous conseille deux appâts majeurs : la crevette qui convient à toutes les régions de France et le lançon vivant qui fera merveille en Atlantique. Vous pouvez pêcher les crevettes (bouquet ou crevette de sable) à l'épuisette dans les trous des digues ou sur les bâches des plages à marée basse. Les lançons peuvent être capturés avec des « trains de larves » japonais « sabiki » vendus dans le commerce. Veillez à conserver vos esches en parfaite condition de façon à ce qu'elles soient bien vivantes au moment de la pêche. En cours de pêche, dès que vous remarquez que votre appât perd de sa vivacité, n'attendez pas pour le changer car il devient nettement moins attractif.

amortir les chocs, puis sur un micro-émerillon. Le corps de ligne est d'un diamètre compris entre 28 et 32/100.

– Juste au-dessous du flotteur, on fixe un avançon qui porte la plombée. Le poids de cette plombée doit être aussi précis que possible afin que le flotteur plonge à la moindre résistance. Cette plombée repose également sur deux perles pour amortir et sur un micro-émerillon. Coupez 1,50 mètre de fluorocarbone en 25/100 pour réaliser cet avançon.

– Enfin, le bas de ligne de l'hameçon doit être systématiquement plus court que l'avançon du plomb (1 mètre est parfait), ceci afin d'éviter qu'au lancer les appâts ne s'entourent autour du plomb. Le bas de ligne en fluorocarbone doit être d'un diamètre inférieur ou égal à 22/100.

Lors du lancer, la plombée part en tête suivie par le bas de ligne. Le flotteur reste ainsi toujours hors d'atteinte du bas de ligne qui ne peut plus se coincer sur l'antenne. Vous obtenez un montage pêchant quelles que soient les conditions de pêche.

La présence des coques de bateau entraîne la fixation d'algues et autres supports qui offrent abri aux crevettes. Les bars et les loups y maraudent fréquemment.

Les bons postes pour pratiquer au flotteur lumineux sont très faciles à trouver. Il vous faut simplement rechercher les **zones de concentration**, là où les bars ont l'habitude d'aller traquer leurs proies. Tous les **resserrements** naturels ou artificiels sont intéressants. Les canaux, les chenaux de passage portuaires, les entrées de port sont autant de possibilités à exploiter car ces étranglements sont à l'origine de courants soutenus et réguliers. Le **courant** est très important car c'est lui qui conditionne l'activité du poisson. Au flotteur lumineux : pas de courant, pas de poisson !

Si vous pêchez en Atlantique, un **coefficient de 50 à 65** est idéal car les courants restent raisonnables. Au-delà, votre flotteur serait incontrôlable et vous ne parviendriez pas à atteindre les bonnes profondeurs.

Les conditions de pêche idéales sont relativement clémentes. Évitez les jours de grands vents qui rendent pénible le contrôle de la ligne. Des **conditions anticycloniques** sont préférables. La pluie n'est en outre pas un problème. Cette technique de pêche convient **du printemps à l'automne** et reste parfois efficace au début de l'hiver.

Chapitre 3

Les pêches aux leurres

La pêche aux leurres est une technique passionnante qui prend totalement à contre-pied l'approche naturelle qui met en avant des appâts morts ou vivants. Avec un leurre, le pêcheur pénètre dans la peau d'un prédateur, il agit directement sur le caractère du poisson et se trouve en mesure d'exploiter toutes les failles de ce caractère, à savoir l'agressivité et la fierté. Avec un leurre, vous pouvez éviter d'avoir à répondre à certaines exigences qu'imposent les appâts naturels. Vous pouvez inciter un bar à attaquer et utiliser les particularités des différentes familles de leurres pour briser tous les remparts qui vous séparent du poisson.

▲ Les pêches aux leurres permettent de traquer les gros bars où ils se trouvent, et durant toute la saison de pêche.

◀ Les leurres agressifs dérangent le poisson et l'incitent à porter des attaques réflexes d'une rare violence.

Le bar aux leurres de surface

Les attaques explosives que produisent les leurres de surface sont probablement à l'origine de l'amour que leur portent les pêcheurs de bars. Extrêmement efficaces, ces leurres se déclinent en plusieurs familles qui se complètent fort bien et qui ne répondent pas aux mêmes situations.

Qu'elles travaillent toutes dans les vingt derniers centimètres sous la surface est probablement le seul point commun qui relie les différentes familles de leurres de surface. Poppers, poissons à hélices, stick baits et pencil baits n'ont pas la même influence sur le poisson et conviennent à des situations différentes.

Les pêches en surface ont fait exploser le monde des pêches aux leurres en faisant découvrir au pêcheur l'agressivité désormais légendaire du bar.

Les leurres agressifs

Nous classons dans les leurres de surface dits « agressifs » les **poppers** et les **poissons à hélices**. Ces deux familles de leurres créent des perturbations très importantes sur la surface. Le popper pousse l'eau et crée un bruit très puissant qui traverse les couches d'eau verticalement. Le son produit est situé sur des fréquences très basses, lesquelles sont perçues par les poissons de très loin et très profondément. Les leurres à hélices brassent l'eau. Ils créent une traînée faite de bulles (qui éclatent) et de traces en surface.

Ces deux leurres ont un impact visuel et sonore des plus performants. Ils produisent un tel vacarme qu'ils intriguent les bars les plus amorphes. Cette agressivité des leurres est fantastique et possède deux avantages : faire « bouger » le poisson et l'inciter à attaquer. Ces leurres sont en effet recommandés pour **démarrer une partie de pêche**, notamment lorsque la surface est triste et qu'il n'y a aucune activité manifeste. Très curieux, les bars n'hésitent pas à monter pour mieux observer ce qui leur paraît être un élément perturbateur. À ce petit jeu, les poppers et poissons à hélices sont passés maîtres dans l'art de faire décoller les poissons de plusieurs mètres de fond.

Il est aujourd'hui proposé un très grand nombre de modèles de poppers et tous n'ont pas la même puissance. Bien que nous considérions ces leurres comme très agressifs, ils se différencient tous par leur niveau d'agressivité et d'intensité. Les poissons à hélices ont, quant à eux, presque disparu des rayonnages des détaillants ; ceci dit, leur spécificité ne laisse pas de place à de grandes collections. Les quelques modèles connus depuis des décennies sont bien suffisants pour couvrir les attentes que l'on peut en avoir.

▲ Les poppers sont redoutables pour faire « bouger » le poisson. Ils l'appellent de loin et l'incitent à se déplacer pour coloniser le poste de pêche.

Les leurres modérés

De nombreux autres leurres sont plus modérés que les poppers ou les poissons à hélices, et notamment les **pencil baits** et les **stick baits**. Les premiers sont connus pour leur forme longue et leur queue renflée. Ces champions de la distance produisent une nage très serrée et assez dynamique. En plus d'un mouvement latéral alternatif (le fameux « **walking the dog** »), ils peuvent produire de petites éclaboussures, mais d'intensité moindre que celles produites par les poppers. Les stick baits (leurres spécifiquement conçus pour nager en walking the dog) offrent une forme simpliste, d'où leur nom anglais qui signifie « leurres bâtons ». Ils offrent une nage typique qui peut être plus ou moins dynamique en fonction

◀ Les leurres de surface translucides aident à piéger les poissons lorsque les eaux sont claires et lumineuses.

Vitesse, bruit et agressivité

Nous décrivons dans ces pages l'impact que peuvent avoir les différents modèles de leurres de surface sur l'eau et la façon dont le poisson peut les interpréter. Plus un leurre est agressif et plus il est capable de faire bouger le poisson. En créant ce déplacement, un leurre très expressif fait obligatoirement monter le poisson en pression. Il devient lui aussi plus agressif car il a fourni un effort plus ou moins important pour venir voir l'objet en question.

Nous devons également aborder trois aspects complémentaires qui interfèrent dans vos choix de leurres : le volume, le bruit et la couleur.

Le **volume** d'un leurre a un effet direct sur la quantité d'eau qu'il déplace. Bien que ces déplacements d'eau ne soient pas forcément bruyants, ils renseignent le poisson sur la taille de sa proie. Vous comprendrez donc qu'un gros leurre ne génère pas les mêmes comportements chez le poisson qu'un leurre plus petit. Pour attaquer un leurre de surface de 15 centimètres, il faut que la bête soit confiante ! Ne cherchez pas plus loin pourquoi certains leurres du marché, connus pour leur taille imposante, ne prennent pratiquement que de gros poissons...

Ce volume peut aussi entraîner une augmentation du niveau sonore si le leurre est équipé de billes. La chambre de résonance étant importante, le **bruit** produit est puissant et donc très agressif. Ceci explique aussi pour quelle raison il est parfois nécessaire de manier les gros stick baits avec lenteur : afin de ne pas dépasser le seuil de tolérance du poisson. Le bruit des leurres a des conséquences généralement très positives sur des poissons non éduqués. Le bruit est enregistré par ces derniers et assimilé comme un danger s'il se répète de façon récurrente dans le temps. Ceci explique aussi la raison pour laquelle certains leurres perdent en efficacité d'une saison à l'autre et pourquoi d'autres (totalement silencieux) conservent leur pouvoir au fil des ans. Sur ce point, les avis divergent souvent. Certains pêcheurs pensent que le poisson ne s'habitue pas, l'auteur de ces lignes pense le contraire et s'engage en vous conseillant de porter attention au bruit de vos leurres. Jouer sur les sonorités (en passant des billes d'acier aux billes de tungstène, en changeant pour des billes de verre, ou en utilisant simplement des leurres sans billes) permet très souvent de renverser une situation de refus ! Notez que l'impact des billes sur les refus des poissons est d'autant plus grand que la profondeur est faible. Alors que les billes aident à faire monter le poisson du fond, elles peuvent aussi se montrer fortement repoussantes dans des secteurs de moins de 2 mètres de profondeur, ceci étant d'autant plus vrai que le secteur est exploité.

des modèles. Ces leurres doivent donc être choisis en fonction de la nage qu'ils produisent. Certains modèles nécessitent un maniement très lent du fait de leur équilibre très horizontal. Posés sur l'eau, ils sont presque à plat sur la surface. Cet équilibrage produit des nages très développées, le leurre glissant très largement sur le côté.

D'autres sont dotés d'un équilibre de flottaison plus vertical, certains en étant même très proches. Cet équilibrage nécessite des animations rapides et assez agressives pour l'œil du poisson.

Comme pour les poppers, ces leurres peuvent se montrer redoutables et bien souvent, lorsqu'ils prennent, aucun autre leurre ne parvient à leur tenir la dragée haute.

Différences de flottaison entre stickbaits lent et rapide

▼ L'inclinaison de flottaison d'un stick bait définit directement le type de nage qu'il propose : nage d'impact ou nage glissante.

Lorsque vous arrivez sur votre lieu de pêche, la plus solide des expériences ne suffit souvent pas à vous aider dans le choix du bon leurre de surface. La surface étant une zone très critique pour le poisson, il peut montrer une méchanceté et une volonté explosives dans ses attaques comme il peut tout aussi bien se montrer extrêmement récalcitrant, même s'il semble intéressé. Les leurres de surface ont en eux quelque chose de véritablement magique. Par un simple changement de modèle ou de décor, on peut renverser une situation qui aurait été perdue avec toute autre famille de leurres. Posez-vous sans cesse des questions sur ce qui s'offre à vos yeux sur l'eau ! Le poisson n'est jamais avare d'indices, il vous donne parfois les clés de la réussite, à vous d'interpréter correctement ses signaux…

Le choix des couleurs

La couleur joue aussi un grand rôle sur la façon dont votre leurre est perçu. On ne peut pas parler ici d'agressivité des couleurs. Disons que certains choix favorisent plutôt l'agressivité du poisson. La vue du bar est très facilement perturbée par l'accentuation brutale de la luminosité. Lorsqu'il monte en surface, les chocs lumineux le conduisent à des situations de stress qui peuvent fortement l'exciter. Le propre des leurres de surface est d'énerver le poisson. Il faut donc jouer sur la vue de celui-ci en lui proposant des leurres aussi discrets que possible afin de lui compliquer la tâche. En rendant un leurre trop voyant, on aide le bar à comprendre l'anomalie. En le cachant, on le pousse à insister jusqu'à ce qu'il décide d'en finir en ouvrant la gueule. Les leurres modernes offrent aujourd'hui des coloris translucides qui font des merveilles les jours de grand beau temps. Ne cherchez pas plus loin les raisons d'une telle efficacité : la lumière ! En traversant le leurre, la lumière dissout les informations visuelles que perçoit le bar. Il en est fortement contrarié et s'agace, attaque après attaque. Ce conseil prévaut dans toutes les pêches situées entre la surface et 3 mètres de profondeur. Les leurres à bavette sont donc eux aussi soumis aux mêmes règles de couleurs. Tenez, pourquoi pensez-vous que les couleurs bleues sont aussi efficaces sur les poissons nageurs ? Vous détenez maintenant les clés de cette vérité !

Le maniement lié à la visibilité

Lorsque le poisson n'a que peu de visibilité à cause de la faible luminosité ou de la teinte des eaux, il déporte son attention sur ses autres centres sensoriels : sa ligne et son ouïe. Il lui faut alors plus de temps pour atteindre votre leurre et la visibilité étant faible, il a aussi plus de mal à capter précisément sa position lors de l'attaque. Dans ces conditions, un maniement lent donne du temps au

poisson, cela lui permettant d'aménager des fenêtres d'attaque plus confortables.

Inversement, lorsque la visibilité est excellente, le poisson enregistre et analyse un grand nombre d'informations en un temps record. Dans ces conditions, il est très fréquent de constater qu'une animation lente aboutit à des attaques éloignées, signes précurseurs d'un refus définitif. En réalité, le poisson voit trop bien le leurre car l'animation lui en laisse le temps. La parade est une animation rapide, parfois extrêmement rapide. La Méditerranée est un exemple flagrant de ce genre de situation où, très souvent, il faut faire courir le leurre sur la surface pour qu'il soit enfin intercepté...

▲ Les traces laissées en surface par le leurre se propagent loin sur la périphérie. Elles contribuent à informer le poisson sur la dynamique de nage du leurre.

Le maniement lié à la profondeur

Un poisson calé sur le fond a deux raisons de le faire : soit il se nourrit, et dans ce cas il y a peu de chances de le faire monter en surface (mieux vaut alors le tenter aux leurres souples ou aux jigs), soit il se repose, et là tout est possible ! Il suffit d'attiser sa curiosité en promenant en surface un beau joujou bien étrange.

Le bar est par nature plutôt fainéant. Il ne s'épuise jamais gratuitement. Sachant cela, on peut très vite comprendre que monter de plusieurs mètres de fond représente pour lui un effort non anodin. Le poisson doit donc avoir la certitude qu'il ne le fera pas pour rien.

Qu'analyse-t-il donc avant de se décider ? La **vitesse** d'avancée de votre leurre ? Si le poisson pense que le leurre se déplace trop vite, il y a de fortes chances pour qu'il ne daigne même pas se déplacer. La dépense d'énergie serait vaine et serait surtout sans fin puisqu'il lui faudrait courir après « la chose »...

Si, au contraire, l'animation est lente et cadencée par des pauses régulières, l'analyse du poisson se renverse. Il sait qu'il a le temps de monter, sans avoir à s'épuiser et peut même anticiper le déplacement de la proie éventuelle.

Bien souvent, si vous faites monter un gros poisson du fond, vous avez de bonnes chances de le prendre, simplement pour des raisons de rentabilité. Tout effort mérite salaire et si l'objet convoité

▶ La profondeur de pêche est importante car elle joue sur la puissance des signaux envoyés par le leurre. Les ondes rebondissent et peuvent être trop puissantes pour le poisson.

ILLEX

▼ Un leurre de surface doit être manié différemment selon les jours. La vitesse d'animation est une clé essentielle qui peut inverser la tendance du jour.

▼▼ Chaque leurre possède son propre mode d'emploi. Si l'animation reste toujours identique, la vitesse et la dynamique de cette animation varient d'un modèle à l'autre.

n'est pas trop agressif, alors cela vaudra bien la peine de n'en faire qu'une bouchée !

La vitesse de maniement est un point clé de la réussite. De très nombreux pêcheurs sont mis en échec par une animation trop rapide dans des conditions qui ne le nécessitent pas. À l'inverse, une lenteur excessive peut être tout aussi préjudiciable. Vous savez donc maintenant que la technique de maniement pure et dure ne suffit pas, la vitesse étant un élément nettement plus important !

Le maniement lié aux leurres

Chaque leurre a été pensé et conçu par son créateur pour produire une nage bien précise. Certains sont plus polyvalents que d'autres, que ce soit en terme de **comportement** ou en terme de **vitesse de nage**.

Les leurres de surface sont nettement plus sensibles que tous les autres leurres à la vitesse de maniement. Certains demandent une vitesse précise dont il ne faut pas dévier, faute de quoi c'est l'échec assuré. Je prendrai comme seul exemple un leurre extrêmement réputé : le ZClaw. Ce **walking bait** nécessite généralement des animations plutôt lentes. Dévié de cette utilisation précise, il devient justement moins précis ; sa nage se disloque et il ne produit plus les effets escomptés.

Ce phénomène explique pourquoi certains pêcheurs réussissent mieux avec tel ou tel leurre que d'autres. Ils ont tout simplement assimilé le **rapport vitesse/nage** de leur leurre. Chaque achat d'un nouveau leurre doit être suivi d'une période d'essai constructive. Vous devez comprendre vos leurres pour bien les manier.

Certains d'entre eux sont extrêmement pénibles à maîtriser et sont bien loin du « Sammy » qui lança la grande mode des stick baits. Ceci n'est que le fruit d'une élévation du niveau technique des pêcheurs. Toutefois, si vous débutez dans le monde du leurre, vous risquez d'être mis à rude épreuve. Faites donc confiance à des valeurs sûres. N'hésitez pas à demander à vos détaillants des leurres « faciles » à maîtriser, qu'il s'agisse de poppers ou de stick baits. Laissez de côté les pencil baits, trop techniques pour débuter et munissez-vous de quelques **swim baits** ou **sliders**, des leurres on ne peut plus simples.

Un gros bar est un prédateur agressif, mais d'une intelligence remarquable. Certains jours il attaque sans prévenir, d'autres il réfléchit. À vous de savoir jouer de subtilité pour contrer sa méfiance.

Le maniement lié au comportement du poisson

Les variations de vitesse sont un point clé qui permettent au poisson de surenchérir. Il ne s'agit pas simplement de ralentir, mais plutôt d'enchaîner rapidement les accélérations et les ralentissements. Le poisson suit votre leurre de près et attaque généralement sur une accélération ou un redémarrage. La **technique du « Stop**

& Go » qui n'est autre qu'une succession d'arrêts brutaux, permet de contrer un refus. Il faut aussi savoir que ce que nous prenons pour des refus ne sont en fait que des attaques manquées. Les stick baits sont les champions pour générer ces « ratages » en règle. Leurs changements de côté sont totalement imprévisibles pour le poisson. Comme il lui faut toujours anticiper le mouvement du leurre pour pouvoir l'atteindre, le zigzag du leurre le conduit très souvent à manquer ce dernier. Dans de telles situations, vous avez deux solutions : réduire l'amplitude du « walking the dog » en accélérant la récupération puis en resserrant les coups de scion, ou stopper régulièrement et brutalement votre animation.

Les leurres de surface conviennent idéalement en pleine saison. Il est nécessaire que les poissons soient correctement répartis sur les côtes, à des profondeurs accessibles par le pêcheur du bord. Cette contrainte limite leur efficacité à quelques mois répartis **entre**

La pêche en surface est une technique estivale qui s'éteint dès l'apparition des premiers frimas. Elle est idéale pour pratiquer une pêche récréative et relaxante.

mai et octobre. De plus la surface doit être relativement calme, faute de quoi il devient difficile de contrôler ces leurres, ce qui finalement limite le nombre de jours dans l'année durant lesquels nous pouvons les utiliser.

Si l'on ajoute à cela l'importance des températures qui doivent rester acceptables pour que les bars montent en surface, on comprend l'impérieuse nécessité de ne pas se restreindre à l'utilisation de ces seuls leurres.

Les poissons nageurs représentent toujours une base très importante dans l'arsenal technique du pêcheur aux leurres.

Le bar aux poissons nageurs

Bien des pêcheurs ont des difficultés à pêcher avec autant d'efficacité en surface et sous l'eau. Pourtant, les poissons nageurs ont des atouts considérables qui permettent de rester performants lorsque les leurres de surface restent inopérants.

La manière dont les poissons nageurs s'adressent au bar et au loup est différente de celle des leurres de surface. Nous « allons » vers lui alors que les leurres de surface l'incitent à venir à eux. La démarche du poisson est donc différente d'un type de leurres à l'autre.

La problématique principale mise au jour par les poissons nageurs se révèle dans le choix de la bavette. Les principaux poissons nageurs actuels sont les lipless minnows, les jerk baits, les shortbill minnows, et les longbill minnows. Il en existe d'autres, mais leurs différences sont si faibles qu'ils ne vous seraient pas d'une utilité évidente.

Le choix du poisson nageur est tout d'abord décidé par la **profondeur** à atteindre. Les poissons nageurs modernes évoluent aujourd'hui de

Les poissons nageurs permettent de cibler des poissons à des profondeurs bien précises. Il faut savoir les choisir en fonction des conditions de pêche et des événements météo du jour.

Types de poissons nageurs et différences de bavette

▼ Les poissons nageurs s'adressent généralement à des poissons actifs, mais pas toujours. Parfois ils peuvent déclencher une attaque non prévue.

quelques centimètres à près de 6 mètres de profondeur. La règle toute simple consiste à utiliser de longues **bavettes** pour descendre profondément et des bavettes courtes (ou pas de bavette du tout) pour rester dans les couches supérieures. Il faut intégrer le fait qu'en cours de nage, les bavettes longues produisent des vibrations nettement plus puissantes que les bavettes courtes. On les réserve donc à des situations bien précises pour lesquelles la

▲ Les eaux calmes sont difficiles à pêcher. Parfois la surface est un obstacle que les poissons n'arrivent pas à franchir. Les lipless sont alors la solution.

À propos du wobbling et du rolling

Les minnows présentent deux types de nages différents. Le wobbling est une nage vibratoire qui produit de puissants mouvements de queue. La queue se désaxe à droite puis à gauche dans un mouvement alternatif. Plus la traction est vive et plus le battement de queue est puissant. Cette nage produit des vibrations importantes qui peuvent être préjudiciables. Elle est aussi la plus ancienne et était quasi exclusive par le passé. Les leurres modernes ont introduit le rolling, mouvement qui diffère par la faiblesse des pulsations envoyées. Le rolling engendre un roulis du leurre. Il oscille d'un côté à l'autre en suivant un basculement du dos. Ce mouvement n'émet que de légères vibrations et a, en outre, l'énorme avantage de moduler la teinte perçue par le poisson, passant successivement du clair ventral au sombre dorsal. Ce mouvement a un intérêt plus visuel que vibratoire. Actuellement, la plupart des leurres combinent les deux mouvements, certains donnant la prépondérance au wobbling, d'autres au rolling.

profondeur de descente est un facteur essentiel. On s'en passera chaque fois que possible car elles ne produisent pas toujours les meilleurs résultats.

Les **lipless minnows** : ces leurres sont des poissons nageurs sans bavette. Ils travaillent sous la surface en produisant des nages absolument inoffensives et radicalement plus douces que celles produites par les leurres à bavette. Les lipless minnows glissent dans l'eau, produisant plus facilement des nages de type walking the dog, non vibratoires. Ils peuvent également permettre des prospections plus larges en terme de profondeur et se manient avec une grande facilité. Ils apportent bien souvent des résultats très nettement supérieurs aux leurres à bavette lorsque les conditions sont difficiles. Ils deviennent intéressants dès lors que la surface devient trop agitée pour travailler un leurre de surface, ou encore lorsque les poissons refusent de crever la pellicule. Ils sont redoutables sur les secteurs dégagés à forte visibilité et savent tromper des poissons très pointilleux.

Flottant, coulant ou suspending ?

L'utilisation d'un poisson nageur peut impliquer un choix entre différentes densités. Pour faire concis, je vous inviterai à privilégier chaque fois que possible les leurres de type suspending. Ils permettent des phases d'animation plus réalistes et restent surtout plus longtemps dans la veine d'eau que l'on cherche à prospecter. Les leurres coulants sont plus indiqués pour les forts courants. Leur densité leur apporte une meilleure stabilité. De plus, ils sont aussi conseillés pour les pêches du bord car plus faciles à lancer face au vent. Enfin, les leurres flottants sont parfaits pour pêcher les secteurs encombrés. Ils permettent de changer d'étage lorsqu'un obstacle arrive pour replonger immédiatement après. Pour toutes les pêches de « pleine eau », ils se montrent moins performants que leurs homologues de type suspending ou coulants.

Les jerk baits sont indispensables pour faire réagir des poissons.

Les **jerk baits** : bien qu'ils puissent être injustement confondus avec les shortbill minnows, les jerk baits montrent des particularités uniques. Dotés d'une bavette courte et étroite, ils ne sont pas conçus pour nager efficacement à la récupération mais principalement au maniement. Leur bavette étroite n'oppose qu'une très faible résistance à l'eau et leur permet de pivoter sur l'axe de la traction à chaque sollicitation du scion. Le maniement se pratique par petits à-coups ou par de franches tirées plus longues. À chaque coup de canne, le leurre bascule sur le flanc, faisant ainsi jouer ses effets de lumière et de couleur. Ces leurres sont parfaits pour pêcher les secteurs peu profonds ou pour attaquer des chasses d'oiseaux, chaque fois que les poissons ne montent pas en surface. N'hésitez pas à rechercher des coloris naturels et translucides qui répondent mieux à l'attention que portent les poissons à l'instant de leur utilisation.

Dans ce type de situation, le mimétisme est un gage de réussite dans la mesure où il évite de faire retomber l'excitation du poisson.

Les **shortbill minnows** : ils ne diffèrent des précédents que par leur seule bavette. Pourtant, cette bavette est à l'origine de bien des changements dans le comportement du leurre. Les shortbill minnows offrent une bavette plus large que les jerk baits. De ce fait, elle oppose plus de résistance au lancer et devient de fait plus puissante sous l'eau. Le leurre résiste plus et envoie des vibrations plus intenses. Ces leurres peuvent se contenter d'une simple récupération. Ils sont à conseiller pour pêcher les courants où ils permettent des récupérations très lentes. Ils sont également redoutables dans les zones agitées (brisants qui s'abattent sur les têtes de roches). Avec ces leurres, la sonorité peut être très importante dans la mesure où les secteurs qui les favorisent sont assez bruyants. Les forts courants ou les vagues nécessitent que le leurre puisse se faire entendre par des claquements de billes nets et précis. Les meilleurs leurres du moment utilisent pour cela des billes en tungstène qui produisent un son nettement plus clair et perceptible par les poissons. L'aspect mimétique du leurre passe ici

Chaque poisson nageur possède ses propres caractéristiques de densité et de vitesse de plongée, lesquelles ne sont pas visibles à l'œil nu, mais figurent sur les emballages.

Les grands plongeurs permettent d'aller chercher les poissons près de la base des roches imposantes et profondes.

au second plan car l'environnement nécessite une attaque rapide. Le poisson n'a plus le temps de scruter avec précision l'objet qui attire son attention, les courants et les vagues l'obligeant à une attaque immédiate.

Les **longbill minnows** : ces poissons nageurs ont un corps identique à celui des jerk baits et des shortbill minnows, mais présentent une bavette longue placée au-devant du museau. Cette bavette permet au leurre de prendre un axe de plongée plus important et facilite la descente en profondeur. Les vibrations de ces leurres sont puissantes, dues principalement à l'énorme surface de contact de la bavette. Les longbill minnows sont très agressifs et sont généralement moins facilement attaqués par les bars. Leur agressivité demande à être nuancée par la façon dont on les utilise. La récupération doit être rapide sur ses cinq à six premiers mètres pour les faire plonger rapidement. La bonne profondeur étant atteinte, la récupération doit être remplacée par un maniement constitué de petits coups de canne (**twitching**) et de grands coups de scion (**jerking**). Dans un cas comme dans l'autre, le leurre bascule sur lui-même, offrant des variations de teintes et de luminosité. Le jerking fait glisser le leurre en travers (un bon longbill minnow ne résiste pas lourdement en pointe de canne), tuant les vibrations à leur naissance. Les longbill minnows sont parfaits pour descendre sous des veines de courant lorsque les poissons refusent de les traverser (à cause de la thermocline ou pour toute autre raison). Ils peuvent être maniés très lentement dans les veines d'eau, ce qui nécessite une bonne dose de créativité pour recréer des nages les plus évocatrices possibles.

▲ Les longbill minnows ne sont que peu utilisés du bord. Ils sont fort agressifs, et de ce fait restent parfois inaptes à déclencher des attaques. Le paradoxe est que certains jours ils sont au contraire indispensables.

Ainsi, changer la **sonorité** du leurre est une bonne option. Comme pour tous les autres leurres, la sonorité peut jouer un rôle très positif, ou au contraire très néfaste. Bien que le choix sonore soit généralement moins vaste que celui qu'offrent les leurres de surface, vous trouverez sûrement dans vos boîtes des leurres qui produisent des sons plus ou moins graves ou plus ou moins aigus.

Veillez également à tenir compte de l'**agressivité des pulsations** de vos leurres. Si vous estimez devoir descendre à 4 mètres, vous n'avez d'autre choix que d'utiliser un longbill minnow. Toutefois, si les attaques ne viennent pas, cela peut vouloir dire que le leurre ne convient pas. Il est peut-être trop puissant ! Qu'à cela ne tienne, la profondeur d'influence est là pour vous sortir de l'ornière. Imaginons donc que les bars se trouvent à plusieurs mètres de profondeur, vous devez descendre les chercher... N'oubliez pas que ces derniers peuvent refuser de monter si quelque chose les dérange, mais ils peuvent aussi venir chercher un leurre situé au-dessus de leur veine de courant s'il ne les rebute pas ! En conséquence, un shortbill minnow qui descend à seulement 2 ou 2,50 mètres peut parfaitement convenir. Plus doux et moins agressif, il pourrait faire monter le poisson plus facilement si les longbill minnows ont été préalablement refusés.

◀ Un même leurre peut être proposé dans plusieurs sonorités différentes. Ces différences peuvent être salutaires certains jours.

Question de couleur et de mimétisme

Il est important de comprendre que le mimétisme naturel trouve aussi sa place dans la technique du pêcheur aux leurres. Ce mimétisme a moins pour objectif de rendre le leurre plus réaliste que de l'extraire à la vue du poisson. Si l'attention du prédateur est focalisée sur des proies à dominante de bleu, il est probable qu'une couleur plus sombre éveille mieux son attention mais aussi sa méfiance. Le spectre de couleur auquel l'œil du poisson réagit doit être reproduit autant que possible afin que le poisson ne perçoive le leurre qu'au tout dernier moment, déclenchant une attaque réflexe. Généralement, le choix de la couleur en question dépend de la teinte des eaux. Des eaux vertes et un ciel blanc engagent des leurres verts au ventre clair, des eaux bleues favorisent les dos bleus et les ventres translucides. Des eaux teintées et un ciel sombre engagent plutôt des couleurs opaques proches de la teinte de l'eau et plutôt uniformes dans leurs couleurs. N'oubliez pas que naturellement, les proies jouent du mimétisme pour se camoufler aux yeux des poissons prédateurs, faites de même !

Notez la ressemblance de couleur entre ce lançon trouvé sur la plage et ce leurre qui s'avéra très prolifique ce jour-là…

Cibler la profondeur de pêche

La plupart du temps, le poisson nageur doit œuvrer à une profondeur bien définie. S'il nage trop haut ou trop bas, il n'a que peu de chances d'être attaqué. Le poisson ayant un centre d'intérêt bien précis au moment où vous l'attaquez, si vous ne collez pas très précisément à la zone et à ce qu'il attend de cette zone, vous serez presque chaque fois dans l'échec. La profondeur d'action de votre leurre est importante et doit être contrôlée méticuleusement. Chaque leurre possède une profondeur de nage maximale au-delà de laquelle il ne peut aller. Cette profondeur varie en fonction de la **vitesse de récupération** et de la **puissance des courants**. Ces variations exigent donc une grande vigilance vis-à-vis de la descente du leurre.

Pour piéger les bars il est souvent nécessaire d'agir avec logique. Commencez par travailler près de la surface et descendez progressivement jusqu'à trouver les poissons.

Dans la plus grande majorité des cas, le leurre a tendance à descendre trop profondément. Qu'elle soit de 30 centimètres ou de 4 mètres, la profondeur que vous ciblez ne correspond peut-être pas à la capacité maximale de votre leurre, ainsi vous faut-il le restreindre pour l'empêcher de dépasser le niveau qui vous intéresse.

Deux solutions s'offrent à vous pour moduler cette profondeur : la **tenue de la canne** et la vitesse de récupération. Pour freiner la descente d'un leurre, rien n'est plus efficace qu'une tenue de canne assez haute. En relevant le scion, vous diminuez l'angle d'attaque de la bavette et le leurre devient immédiatement moins pénétrant. Bien entendu, cette astuce a ses limites, et notamment avec les grands plongeurs comme les longbill minnows. Le propre de ces leurres est de plonger profondément et il n'y a pas de réel intérêt à les freiner de cette façon. Avec un leurre qui plonge très vite, on préférera une diminution de la vitesse de récupération, parfois à l'extrême, mais uniquement lorsque ce dernier a atteint la bonne profondeur. Comme les longbill minnows sont plus

La hauteur de canne doit varier régulièrement pour faire travailler le poisson nageur de haut en bas.

La vitesse de récupération permet de moduler la vitesse de descente du leurre. À vitesse lente, plongée lente, à vitesse élevée, plongée rapide.

particulièrement adaptés à la prospection des courants, ils offrent l'intérêt de pouvoir descendre très rapidement dans la bonne veine d'eau. Il convient donc, dès que le leurre touche l'eau, de récupérer très vite les dix premiers mètres de ligne. De cette façon, le leurre plonge extrêmement vite. Dès que la ligne vous semble suffisamment basse sous le scion, ralentissez progressivement jusqu'à stopper complètement la récupération. Ce n'est qu'à partir de ce moment que votre leurre devient opérationnel.

Pour les leurres peu plongeants, un simple contrôle de la **hauteur du scion** permet de freiner les ardeurs de la plupart d'entre eux. Avec ces leurres, il est fréquent de devoir pêcher pratiquement en surface. Tous les shortbill minnows, les jerk baits et les lipless minnows font merveille à proximité de la surface. Ils peuvent de ce fait succéder facilement aux leurres de surface dès que les poissons refusent systématiquement de crever la pellicule de surface.

Produire des animations imitatives

Il y a les poissons que vous allez prendre par surprise, en leur proposant un leurre qu'ils n'attendent pas et dont le comportement va produire une attaque « surprise » et non programmée. Il y a également les poissons que vous allez prendre à force de **subterfuges** et de finesse, ceux qui vous imposent de tirer de vos leurres tous leurs atouts imitatifs. Ces poissons-là sont généralement focalisés sur des proies bien précises. Ils attendent tranquillement, postés derrière une roche, dans un courant ou, mieux encore, ils ont piégé un banc de sprats ou de lançons dans lequel ils se servent goulûment.

Ce type de poissons, très courant à la belle saison, impose au pêcheur d'estomper autant que possible le caractère artificiel de ses leurres. Il lui faut choisir des modèles aussi réalistes que possible, tant dans la taille que dans la couleur et les enrichir d'une animation aussi probante que difficile à réaliser.

▼ Sur un tel poste, les poissons sont probablement à la lisière des courants. Il faudra veiller à travailler les leurres de façon naturelle en réduisant la vitesse de nage.

Une animation imitative s'exempte de tout comportement agressif. Le leurre doit **respecter la vitesse des courants** car le poisson reste parfois de longues minutes à observer ce qui lui arrive en plein museau. Un leurre qui nage trop vite dans un courant dont il a l'habitude peut être refusé par manque de crédibilité. Un leurre doit aussi s'affranchir des vibrations trop puissantes, car très intrigantes pour le bar.

◀ Les gros poissons bougent peu et sont très opportunistes. Les poissons nageurs sont très efficaces sur ces poissons car ils permettent des prospections larges.

Les chasses d'oiseaux cachent toujours des bars qui agissent par le dessous. Dans ces situations précises il faut utiliser des leurres aux coloris naturels et faire attention aux animations qui doivent être réalistes.

Une animation imitative est constituée de légers coups de scion, juste suffisants pour faire vaciller le leurre. Utilisez au maximum la portée des courants et la pression qu'ils génèrent sur la bavette de vos leurres. Tentez toujours de sentir le leurre vibrer naturellement, par la seule force du courant. Récupérez-le lentement pour lui permettre d'évoquer la difficulté naturelle qu'ont les poissons à se mouvoir dans un tel environnement. Pour une raison de crédibilité, essayez également de travailler dans l'axe de la veine de courant, ne la traversez pas brutalement, ce serait offrir au poisson de bonnes raisons de rester à sa place.

Les situations les plus exigeantes quant à l'animation sont les chasses. Les proies prises en étau entre ciel et mer passent successivement d'un état latent à une explosion de peur. Un leurre qui traverse une boule de sprats ou de lançons a plus de chance d'effrayer les proies du bar que d'attirer le bar lui-même ! Travaillez lentement, utilisez si possible des leurres de type « **suspending** » qui apportent un surplus de naturel par leur immobilisme en pleine eau. Pour imiter correctement, il faut être conscient que dans la nature les proies des prédateurs passent plus de temps à se camoufler qu'à déguerpir.

Les animations stimulantes

Les cas que nous venons de citer sont des cas bien particuliers qui mettent en scène des poissons actifs en train de s'alimenter. Toutefois, tous les poissons ne se nourrissent pas ensemble au même moment. Bien qu'il y ait des moments favorables, vous pouvez régulièrement tomber sur des poissons non actifs, plutôt au repos. Ceux-ci sont probablement les plus difficiles à décider. Ils n'ont pas envie de manger et la seule porte de sortie pour vous est de les agacer à un point tel qu'ils finissent par laisser parler leur seul instinct de prédateur. Stimuler un bar qui n'a pas envie de s'alimenter est un vrai challenge pour le pêcheur aux leurres.

Lorsque les poissons sont difficiles, il faut user de toutes les astuces possibles, et notamment jouer sur les coloris naturels de plus en plus explicites sur les poissons nageurs.

Une animation stimulante est inévitablement plus **agressive** car elle doit exciter le bar. L'animation doit tirer profit du caractère surexcité du jerking et le twitching devient alors une simple technique d'adoucissement. La vitesse de récupération gagne à être plus rapide, voire extrêmement rapide.

En effet, certaines situations bien connues nous rendent les choses compliquées. Parlons simplement de la clarté des eaux. Comme nous l'avons déjà évoqué dans les pages précédentes, une eau claire facilite l'analyse visuelle du poisson. Le bar ne se gêne pas pour scruter, observer, décortiquer du regard votre animal de plastique et de métal. S'il n'est pas mu par un incontrôlable besoin alimentaire, votre leurre ultra-réaliste manié à la perfection sera inefficace.

À moins que vous n'empêchiez le poisson de « comprendre » que votre leurre n'est pas ce à quoi il s'attend… Pour cela, une récupération tonitruante, extrêmement rapide et entrecoupée de Stop & Go très brefs est redoutable. Totalement opposée à une animation imitative, la technique dont nous parlons ici n'en est pas moins efficace. Ceci est vrai sur tous les postes que vous pouvez rencontrer, quelle que soit la profondeur du poste ou celle du poisson.

Le jig s'adresse essentiellement à des poissons actifs dans la couche d'eau. Il n'est pas adapté ni à la surface ni aux pêches à proximité du fond.

Le bar aux jigs

Lorsqu'il faut atteindre des distances ou des profondeurs importantes, aucun leurre ne peut concurrencer les jigs.

Leur utilisation est relativement simple, et ceux pour qui l'expression de **cuillère ondulante** évoque quelque chose doivent savoir que les jigs ne sont que des évolutions de ces leurres déjà très anciens.

Le jig est tout aussi efficace du bord qu'en bateau. Il est vrai que le jig fait immédiatement penser à un leurre pour le bateau et à la pratique qui en découle. Pourtant, si le jig ouvre les portes des **grandes profondeurs** en bateau, il en fait de même au bord. Si vous pêchez fréquemment des zones offrant un accès direct à de grandes profondeurs (plusieurs mètres), le jig peut vous être d'un grand secours. Il ajoute à cela un énorme potentiel de lancer, une utilisation encore méconnue mais ô combien efficace ! Lancer un leurre métallique de 60 grammes face à des forts vents de mer est d'une facilité déconcertante tandis que cela relève de la prouesse avec des leurres en plastique.

Un jig est un leurre imitant plus ou moins la forme d'un poisson. Généralement de forme allongée, le leurre possède un, deux ou trois anneaux de fixation. L'un est dédié à la fixation de la ligne, et les deux autres à l'**armement**. Cet armement peut être de plusieurs types, du **traditionnel triple** à l'**assist hook** moderne en passant par l'**hameçon**.

Il n'existe pas de raison particulière d'utiliser le jig en dehors de la distance ou de la profondeur. Ce leurre ne peut pas se substituer à un poisson nageur (dans les mêmes conditions d'utilisation), pas plus qu'à un leurre de surface. Il vient donc en complément des deux familles de leurres précédentes et ne peut constituer à lui seul un équipement polyvalent.

▲ Les jigs sont généralement affublés d'un réalisme minimaliste, ce qui ne pose aucun problème pour les pêches au lancer. Pour la verticale, il peut être intéressant de choisir des leurres plus « vrais » pour tromper le poisson.

On distingue deux familles de jigs utilisables du bord pour traquer le bar : les jig à lancer (casting jigs) et les jigs à dandiner (vertical jigs).

Les casting jigs

Un **jig à lancer** est conçu pour offrir le meilleur ratio de pénétration dans l'air. Le profil et la répartition des masses sont très importants. On demande un équilibre parfait pour que le leurre puisse « voler » efficacement quelles que soient les conditions. Les casting jigs sont donc équilibrés de sorte que le poids soit déporté sur un côté du leurre (généralement celui opposé aux yeux). On remarque également un profil particulièrement effilé et aérodynamique, une conception logique étant donné l'utilisation prévue.

◀ La forme longue et élancée de ces jigs trahit clairement leur destination : atteindre les plus grandes distances de lancer.

Les vertical jigs

Un jig destiné à une utilisation verticale est doté d'un équilibrage différent. Le but recherché n'est pas obligatoirement d'atteindre rapidement les grandes profondeurs comme cela pourrait être le cas au large en bateau. On va plutôt rechercher la mise en appui

▶ Pour un poisson comme celui-ci pris sur une plage, le jig évoquait très clairement un petit spart fuyant entre deux eaux, ou éventuellement un lançon qui, du fait de sa vitesse de déplacement, demandait une attaque immédiate.

▲ Ce press bait Fusion de Duo permet de travailler aussi bien sur un plan vertical qu'horizontal. Il papillonne sur les deux plans.

du leurre sur l'eau. Le poids est donc réparti de façon plus homogène sur la totalité du corps de façon à ce que le jig plane en descendant.

Du bord, les jigs utilisables restent dans des plages de poids adaptées aux capacités des cannes que l'on utilise. Nous sommes bien loin des leurres de 200 ou 300 grammes parfois utilisés en bateau pour la recherche des grandes profondeurs. Pour ce qui nous intéresse, disons que des modèles allant de 10 à 80 grammes sont amplement suffisants.

La particularité technique des jigs est leur totale dépendance aux gestes du pêcheur. Ils ne nagent que difficilement s'ils ne sont pas animés plus ou moins intensément. Leur densité implique qu'ils coulent comme du plomb, et même si leur équilibrage et leur design permettent de jouer avec les courants, il faut être particulièrement attentif à la façon de les utiliser.

Le jig à la verticale

Il existe un grand nombre de postes typiques que les jigs permettent d'exploiter mieux qu'aucun des autres leurres durs. Ces postes présentent une verticalité totale, imposant au pêcheur d'œuvrer de bas en haut. Les bars sont postés à vos pieds et il faut descendre un leurre qui se montre à la fois rapide et vivant. Je pense aux nombreux **quais des ports** ainsi qu'aux **falaises abruptes** lais-

L'armement adéquat

Il est possible d'utiliser plusieurs types d'armement pour les jigs. Pour les pêches verticales, optez pour un hameçon simple sur les petits jigs. Destinés à de faibles profondeurs, plus léger sera leur armement et plus ces jigs se comporteront naturellement. Vous pouvez également leur coupler des assist hook plus spécifiques. Un assist hook est un armement constitué d'un ou deux hameçons montés sur une tresse. Très léger, ce montage a également deux autres avantages: une plus grande efficacité au moment de piquer les chairs ainsi qu'une diminution considérable des décrochages. Pour le lancer, le triple est préférable car les hautes vitesses de récupération éliminent le problème du poids. Les trois hameçons se montreront aussi plus efficaces sur des attaques en plein mouvement.

Comme le bar aspire quasiment toujours les jigs à la descente, il convient d'armer le leurre par la queue plutôt que par la tête.

La densité des jigs apporte une redoutable précision au lancer. Cela permet de prospecter méticuleusement toutes les zones blanches, les remous et les courants.

Positions des poissons aux abords d'un obstacle

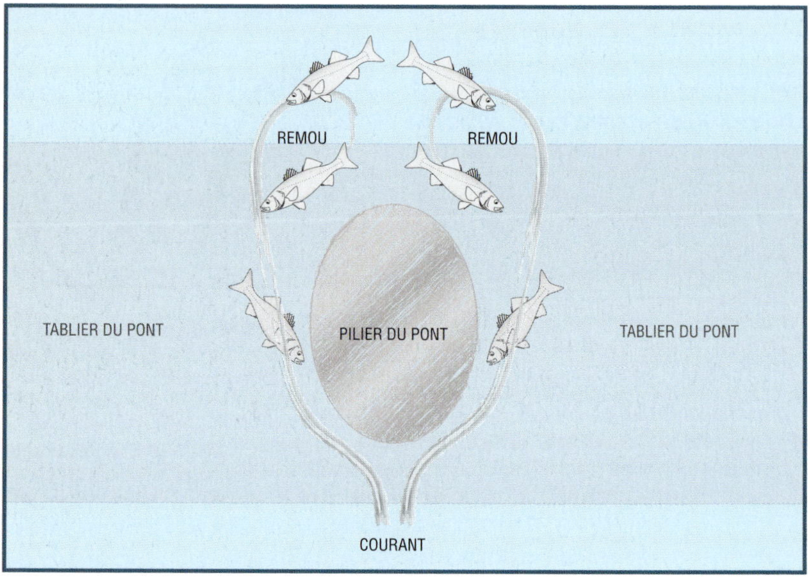

Les bars ou les loups cherchent toujours les zones les plus calmes qui leur demandent le moins d'énergie possible pour se poster.

sant une profondeur d'eau suffisante pour permettre l'animation des jigs, à savoir un minimum de 3 à 4 mètres.

Les meilleurs postes sont toujours les mêmes et présentent des particularités identiques : de bonnes possibilités d'affût pour le poisson ainsi qu'une protection contre la lumière. Les quais sont habituellement de deux types : les **quais pleins** et les **quais creux**. Les quais pleins présentant un mur vertical courant du fond à la surface ne sont généralement pas intéressants. Les poissons n'ont aucun lieu pour se cacher autre que le fond et leur exploration peut donc s'avérer longue et ennuyeuse.

La structure du quai est posée sur un grand nombre de **piliers porteurs** qui constituent d'excellents postes d'affût pour les bars ou les loups. J'ajouterai à cela les **pontons flottants** qui sont également maintenus par des rangées de piliers ancrés au sol. Sur ces deux ouvrages typiques, les bars et les loups bénéficient d'une protection évidente. Ils peuvent rester des heures à l'affût sans risquer d'être vus, ni par vous, ni par les oiseaux et encore moins par leurs proies.

Les jigs permettent de pêcher chaque pilier porteur avec une grande rapidité et surtout une précision redoutable.

Les falaises abruptes sont également des zones intéressantes du fait de l'important dénivelé qu'elles offrent. Les nombreuses anfractuosités rocheuses sont autant de postes exploitables et la richesse de ces lieux donnera toute leur valeur à vos jigs.

La technique est on ne peut plus simple puisqu'il s'agit de laisser couler votre leurre pour pouvoir ensuite l'animer. Cette animation doit être vraiment **dynamique** et je vous déconseille d'essayer de donner un quelconque comportement naturel à vos jigs. L'animation est faite de **vigoureux coups de scions** rapprochés accompagnés d'une récupération simultanée de la ligne. Si vous pêchez sur quelques mètres de fond, évitez les grandes animations qui s'avèrent totalement inutiles. Il faut toujours jouer sur l'**effet de surprise** car le poisson attaque par instinct. Si vous lui laissez le temps de s'intéresser à votre leurre, vous subirez de nombreux échecs. L'attaque doit être

Les falaises abruptes cachent des milliers d'abris directement accessibles aux pieds des pêcheurs. Les jigs peuvent être la solution pour extirper ces poissons de leur cache de rochers.

Eaux claires de rigueur

Les jigs ne vibrent pas et ne produisent quasiment aucun son. De ce fait, ils ne peuvent que difficilement être perçus par les poissons autrement que visuellement ou par simple perception sensorielle (grâce à la ligne latérale). Je vous conseille de ne pas vous attarder au jig dans des eaux trop teintées car le poisson aurait trop de mal à le localiser rapidement. Compte tenu des récupérations élevées nécessitées par la conception même des jigs, une mauvaise visibilité diminue considérablement leur efficacité. Des eaux bien claires, habituellement difficiles à pêcher, sont idéales pour ces leurres, et si des vagues viennent oxygéner la côte ce n'est que mieux. Les grandes vagues claires et écumeuses d'Aquitaine représentent les conditions idéales.

Un jig permet de prospecter l'intégralité de la masse d'eau qui vous est accessible. Aucun autre leurre ne permet de telles possibilités.

immédiate, ce qui ne manque pas d'arriver si vous respectez mes conseils. Vous arrivez sur un pilier avec discrétion, vous ne vous montrez pas et vous laissez couler discrètement le jig jusqu'au fond, en laissant dépasser du quai juste ce qu'il faut de canne. Dès que le jig touche le fond, vous le remontez en l'animant énergiquement. Recommencez une ou deux fois et changez de poste si nécessaire. Il est totalement inutile d'insister, surtout si vous avez vu un poisson posté à flanc de pilier. Soyez certain que si vous l'avez vu, il vous a vu aussi ! Jamais vous ne le prendrez, même avec le plus savant des maniements…

Des touches qui n'en sont pas

En pêchant à la verticale, il est très fréquent que l'on ne sente pas l'attaque. La raison est très simple à envisager : le poisson attaque bien souvent à la descente du jig. Cela peut être dès la première descente, ou durant celles qui suivent. Le leurre lui arrivant tout droit dans la gueule, le poisson n'a qu'à l'ouvrir bien grande pour l'accueillir. Malheureusement, la densité du jig rappelle bien vite au poisson que l'acier n'est pas consommable et il recrache aussitôt sa prétendue proie. De votre côté, si vous attendez une touche violente, eh bien sachez que vous risquez de ne rien sentir du tout et de perdre ainsi de nombreux poissons. La seule façon de parer au problème est d'observer votre ligne durant la descente du leurre. Tout arrêt inattendu et brutal de la tresse ou du fil doit appeler au ferrage !

Certains postes vous obligeront à lancer devant vous pour travailler les flancs d'une pente éventuelle (ce qui peut être le cas d'une grande digue ou d'une falaise). Dans ce type de circonstances, le principe est le même à une exception près : le risque majeur d'accroche. Ne laissez pas couler le jig jusqu'au fond et travaillez-le canne haute en modulant la vitesse de récupération pour lui éviter de crocheter le fond. Il est également d'autres situations ou la distance des lancers devient le moteur principal de la pêche et l'utilisation des jigs diffère en conséquence.

▲ Les animations d'un jig ne sont pas aussi poussées que celles nécessaires à un leurre plastique. Le plus important est d'empêcher le leurre de présenter un comportement trop lisse.

Le jig au lancer

Le second axe qui valorise les particularités des jigs est la **pratique du lancer-ramener**. Celle-ci n'a rien de bien différent de celle pratiquée avec d'autres leurres, si ce n'est qu'aucun leurre ne permet de lancer aussi loin qu'un jig.

Commençons par les besoins de distances extrêmes fréquemment rencontrés du bord. Une tête de roche qui émerge à 80 mètres ne sera plus hors de portée. Vous pêchez d'une falaise et vous voulez atteindre la falaise d'en face ? La précision de lancer et le potentiel de distance qu'offre le jig sont des atouts majeurs. Une chasse d'oiseaux ou tout simplement une chasse de bar est hors de portée de vos stick baits ou de vos poissons nageurs ? Les jigs pourront peut-être régler le problème ! Si vous suivez mes conseils et que vous vous rendez sur un estuaire prometteur, vous aurez très certainement besoin des capacités des jigs pour atteindre une veine de courant qui restera hors de portée des autres leurres.

◄ Il est tout à fait envisageable d'atteindre des postes situés à près d'une centaine de mètres avec un bon casting jig. Il faut naturellement utiliser le matériel adéquat qui puisse encaisser les chocs du lancer.

▼ Le jig est également capable de prendre d'autres poissons que le bar, comme ce lieu ou des vieilles en chasse près des enrochements.

Gérer parfaitement les poids

La principale problématique que l'on doit gérer avec les jigs est le choix du poids. La densité élevée de ces leurres nous oblige à choisir systématiquement le poids le plus faible possible dans les conditions du moment. Si le jig est trop lourd par rapport à l'agitation du secteur, vous aurez du mal à lui donner vie. Prenons un cas concret où vous auriez à pêcher à l'aplomb d'un quai plongeant de 5 à 6 mètres sous l'eau. Si vous utilisez un jig de 80 grammes, il touchera le fond en deux ou trois secondes seulement. Si un poisson le voit passer, il n'ira très probablement pas le cueillir à la remontée car ce comportement serait tout sauf naturel. En utilisant un modèle de 10 à 30 grammes (en fonction du courant), le jig descendrait plus lentement et serait donc plus attractif.

L'utilisation est cependant aisée puisqu'elle est basée sur une simple récupération, rapide de préférence. Moulinez énergiquement en imprimant au jig des **coups de scion brefs et violents** pour le faire vivre. Si les fonds le permettent, vous pouvez travailler près du sol et remonter progressivement vers la surface en modulant simplement le temps d'attente après l'impact. Cette exploitation progressive des différentes couches d'eau permet de localiser les poissons, notamment lorsque la mer est agitée.

Les jigs sont venus combler des besoins qui s'étaient naturellement dévoilés avec la multiplication des techniques. Ils ouvrent les portes des extrêmes et nécessitent une bonne dose de créativité pour paraître crédibles aux yeux des poissons.

Le bar aux leurres souples

Les leurres souples existent depuis plusieurs dizaines d'années et sont probablement ceux qui ont bénéficié des plus grandes avancées technologiques de la dernière décennie. Les matériaux ont considérablement évolué, permettant de jouer avec les densités et les textures. Certains leurres souples sont flottants, d'autres coulent

Il se prend aujourd'hui de très nombreux gros poissons avec les leurres souples. Du bord, ils pourraient même monopoliser l'essentiel de vos parties de pêche pour peu que vous vous y intéressiez.

rapidement, d'autres encore sont solubles dans l'eau et de plus en plus offrent, en plus de leur aspect hyper naturel, le goût et l'odeur. Les leurres souples sont incontestablement les plus imitatifs des leurres que l'on puisse utiliser aujourd'hui. Leurs mouvements sont fluides et le contact qu'ils génèrent lors de l'attaque est vraiment crédible. Ces leurres sont irremplaçables lorsqu'il s'agit de pêcher des **poissons difficiles** qui ne montrent pas une activité débordante.

▼Les pulsations créées par les leurres souples sont plus douces et plus naturelles que celles produites par les leurres durs.

L'extrême souplesse de ces leurres les rend naturellement attractifs. Ils savent réagir au moindre flux liquide, qu'il soit induit par le mouvement de la récupération ou généré par un courant plus ou moins fort. Habituellement, le calme des eaux tend à pénaliser le pêcheur de loups ou de bars. Le poisson se montre tatillon, fainéant ou peu réactif. Avec des leurres souples, il nous est possible de jouer pleinement la carte de la séduction, de même que celle de l'alimentation. Les nombreux produits développés ces dernières années par les fabricants sont aujourd'hui capables de déclencher chez le poisson une attaque purement alimentaire basée sur « l'envie » de consommer une proie.

Les leurres souples sont polyvalents et s'adaptent à toutes les météos, tout en restant efficaces à n'importe quelle heure de la journée.

Le bar ne mord plus dans un bout de plastique dur ou de métal, il mord dans une matière molle dont la texture est souvent très proche de celle d'une proie naturelle. Si le leurre en question est « boosté » avec des produits spécifiques, le poisson ressent immédiatement le goût qui le conduit à une forte stimulation alimentaire. L'odeur soutient également ces deux facteurs de texture et de goût, rendant au final les leurres souples quasiment aussi efficaces (voire parfois mêmes plus efficaces) que les appâts naturels.

Nous allons aborder les deux techniques majeures que sont les pêches sur le fond et les pêches en pleine eau. L'une et l'autre permettent de pratiquer une pêche régulière, quelles que puissent en être les conditions. On peut pêcher aux leurres souples **par mauvais temps** (point trop n'en faut tout de même) ou **par beau temps**. On peut aussi pêcher **tout au long de l'année** (en dehors des périodes de fraie) **de nuit comme de jour** en fonction des conditions météo que l'on rencontre. Vous comprenez donc que ces leurres offrent une totale polyvalence que l'on n'a pas rencontrée avec les familles de leurres précédentes.

Pêcher aux leurres souples sur le fond

Comme nous venons de l'évoquer, les périodes anticycloniques ne sont généralement pas favorables aux pêches aux leurres, de même que les petits coefficients de marée. Dès que le poisson sent son environnement naturel prendre une pause, il fait de même. Cela ne l'empêche pas pour autant de s'alimenter, c'est juste la façon de le faire qui change. D'ordinaire, il est reconnu que ces conditions de pêche favorisent plutôt les appâts naturels comme nous l'avons exprimé à maintes reprises dans le chapitre précédent. Malgré cela, les leurres souples parviennent à tirer leur épingle du jeu et vont jouer sur le fil du rasoir en leurrant un poisson qui n'est pas à proprement parler dans une attitude de chasseur. Lorsqu'il

évolue sur le fond, le bar agit avec parcimonie. Il avance au pas, se faufilant à travers les roches, les algues et les différents obstacles du fond. Il piège ses proies (généralement de petite taille) au gré des rencontres sans jamais fournir d'efforts inconsidérés. Ce type de comportement est spécifique à ces situations de grand calme et il ne faut pas espérer séduire un tel poisson en lui proposant un leurre agressif ou fort dynamique.

Les leurres souples conviennent bien à ce poisson car ils peuvent être travaillés à l'extrême ralenti. Leur matière extrêmement vivante répond immédiatement aux moindres sollicitations de la main du pêcheur. Gratté sur le fond, sautant les obstacles un à un, le petit leurre souple se fond dans l'écosystème et peut très facilement tromper son monde. Bien que cette hypothèse n'engage que moi, je pense que certains leurres actuels dotés du goût et de l'odeur sont capables de faire basculer n'importe quel poisson se nourrissant de cette façon. Il convient donc d'apporter à ces leurres la vie nécessaire à l'illusion.

Revenons à vous maintenant et dans la peau du pêcheur. Pensez-vous qu'il faille récupérer vos leurres comme un forcené ? Pen-

◀ Un leurre qui travaille sur le fond est scruté dans ses moindres détails par le poisson. Grâce à leur hyper réalisme, les leurres souples passent mieux cette épreuve que les leurres durs.

▲ Ce sont les jours de grand calme où la pêche est difficile que l'on se rend pleinement compte de l'efficacité des leurres souples. Ils sont silencieux, odorants et vraiment difficiles à identifier pour le poisson.

Le bon leurre souple

Je vous propose de vous fier à quatre familles de leurres souples classiques qui vous ouvriront de nombreuses possibilités : les slugs, les shads, les finess et les grubs (virgules).

◀Les **slugs** : ces leurres allongés sont dotés d'un dos plat et d'un ventre arrondi ou anguleux. Ils sont conçus pour être animés sur le fond, avec ou sans courant. On peut également les utiliser « à la volée » au lancer sur des chasses ponctuelles.

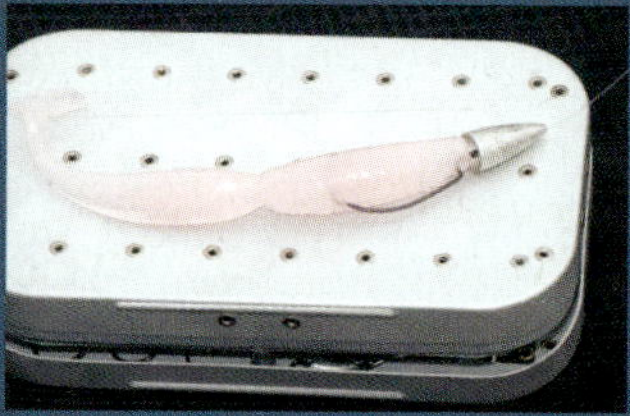

◀Les **shads** : ces leurres imitent le corps d'un poisson. On en trouve donc logiquement des courts et trapus et des longs plus effilés. Quand un leurre possède une queue à palette, il peut être assimilé à un shad. Ces leurres sont conçus pour vibrer à la récupération et peuvent être également maniés en pleine eau ou sur le fond.

◀Les **grubs** : ces leurres ne sont autres que les virgules dont nous avons parlé dans notre développement. Dotés d'un corps rond plus ou moins long, ils arborent un point d'interrogation qui leur sert de queue. Très réactifs, ils s'accommodent aussi bien d'une récupération linéaire que d'une animation millimétrée sur le fond.

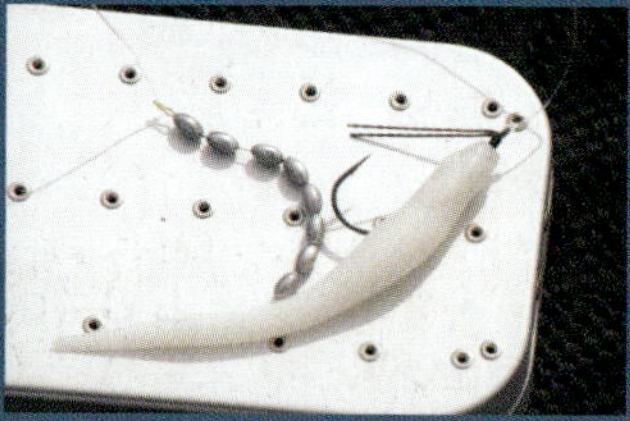

◀Les **finess** : ces leurres généralement allongés disposent d'une tête, d'un corps assez trapu et d'une queue longue et fine, sans palette. Ils sont conçus pour être animés sur le fond.

Gros shad imitatif :
Corps de poisson, tête de poisson. Shad lourd pour courants forts.

Petit shad basique :
Corps rond et allongé, tête rapide. Shad léger pour courants faibles

◀ Les secteurs parsemés de roches et d'herbiers sont magiques pour promener un petit leurre souple en laisse. Les émotions sont garanties !

sez-vous qu'il faille les animer frénétiquement ? Non, bien sûr... Travaillez lentement sur le fond. Laissez le temps au poisson d'arriver jusqu'à votre leurre. Soyez certain qu'il ne gâchera pas son aire de chasse pour aller courir après quelque chose qu'il ne voit pas et qui montre un comportement totalement incohérent avec la situation. Lancez votre leurre, laissez-le couler. Touchez le fond et donnez un petit coup de scion. Moulinez très lentement pour bien sentir le sable s'écarter sous le poids du plomb. Vous sentez un obstacle ? Attendez une seconde et sautez-le (ou accrochez-vous, c'est selon l'humeur de votre leurre). Attendez plusieurs secondes sans bouger, juste en déplaçant le leurre de quelques millimètres. Créez du contraste dans la vie en enchaînant les « Stop & Go » (arrêts et démarrages). Les touches sont souvent brutales et n'imposent pas un ferrage violent. Vous sentirez nettement le poisson attaquer car vous serez à ce moment-là concentré comme jamais. Il m'arrive bien souvent de fermer les yeux et de me dérouler le film du fond qui défile sous mon leurre. J'imagine toutes mes sensations et je plonge sous l'eau, virtuellement. Faites de même et, dans ces conditions, la moindre gueule qui se referme sur votre leurre fait « boom » dans votre tête, croyez-moi.

Je vous laisse bien sûr le soin de comprendre que cette pratique nécessite des **fonds riches en structures rocheuses ou végétales**. Vous ne manquerez pas de trouver de tels secteurs où que vous habitiez. Que ce soit dans les ports, aux abords des digues ou des côtes, ce genre de profil ne manque pas !

▼ Le XLayer de Megabass est un leurre souple légendaire qui a fait succomber des milliers de bars partout en France.

Pêcher aux leurres souples en pleine eau

Si pêcher sur le fond ouvre un large choix du côté des leurres souples, la pêche au lancer exige, quant à elle, la production de vibrations. Ces vibrations ont pour intérêt de rendre le leurre perceptible sans qu'il soit vu pour autant. Dans un courant, comme dans les vagues, ces vibrations sont capitales. Choisissez des modèles dotés de **queues vibratiles**. Il en existe de deux sortes : les **shads** qui sont équipés d'une queue dite à palette et les **virgules** qui sont dotées d'une queue en forme de point d'interrogation. Les premiers produisent des vibrations fortes tandis que les secondes produisent des ondes plus nuancées. Les shads ont parfois du mal à nager seuls. Les courants faibles ne suffisent pas et il faut les récupérer plus ou moins vite afin que la queue vibre correctement. Les leurres de type virgule nagent avec une grande aisance et une facilité qui apportent un grand confort. Les maintenir immobiles dans le plus léger des courants suffit généralement à les mettre en action. Pour ne pas compliquer les choses, je vous conseille d'utiliser les shads dans les courants soutenus et les virgules dans les courants faibles.

◀ Lorsque les fonds sont recouverts d'algues, il faut travailler à mi-profondeur et alléger autant que possible le leurre souple.

La technique est relativement simple et consiste à prospecter méthodiquement toutes les différentes couches d'eau. Je vous propose une méthode simple qui vous permettra de travailler successivement toutes les profondeurs. Au premier lancer, comptez le temps qu'il faut à votre leurre pour toucher le fond. Si vous n'êtes pas suffisamment aguerri pour percevoir le fond, observez juste votre ligne. Dès qu'elle se détend cela signifie que le leurre a touché le sol. Mémorisez le nombre de secondes que met votre leurre pour traverser toute la hauteur d'eau. Au lancer suivant, retranchez deux secondes et commencez la récupération, lente et ininterrompue jusqu'au bord. Au lancer suivant, retranchez à nouveau deux secondes puis entamez une nouvelle récupération, plus rapide celle-ci. L'accélération vise à stimuler un poisson qui aurait perçu votre leurre une première fois sans décider de le suivre. Agissez ainsi jusqu'aux deux dernières secondes en alternant les récupérations lentes et rapides. En six

▼ Un leurre souple ne travaille jamais aussi bien que lorsqu'il est libre sur la ligne. Le montage Drop Shot offre cette liberté.

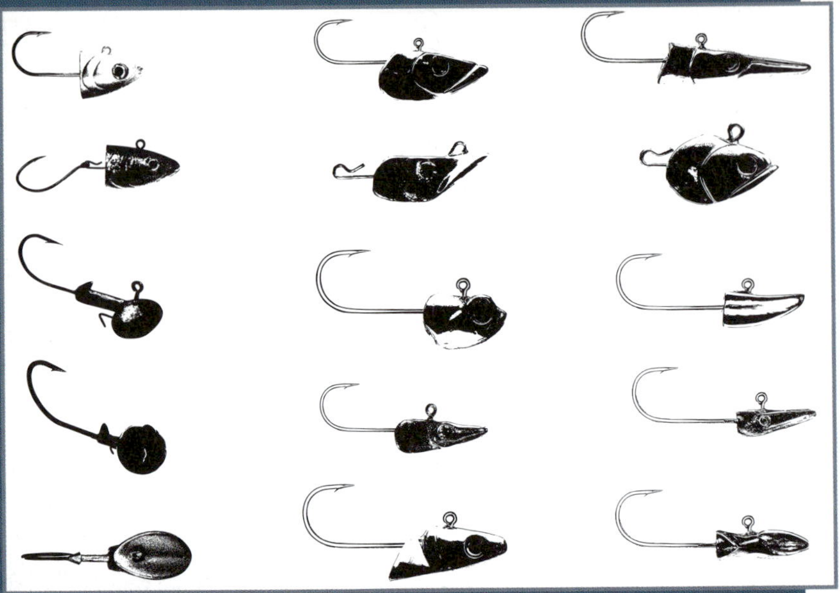

Il faut varier les formes et les poids pour espérer pouvoir s'adapter aux situations que l'on rencontre.

Le bon poids de tête plombée

Pour des pêches de fond lentes et précises, privilégiez toujours les têtes les plus légères sans transiger sur la bonne tenue au fond. Le leurre doit revenir à vous en ligne droite sans dériver de façon excessive. Il est parfaitement impossible de vous donner des poids exacts car le volume du leurre, la profondeur et la force des courants se combinent pour exiger tel ou tel poids. Considérez que pour pêcher avec des petits leurres sur le fond dans une eau calme, un panel de têtes couvrant de 5 à 20 grammes est généralement suffisant. Pour pêcher au lancer, ces valeurs peuvent grimper fortement en fonction des conditions de pêche, et notamment si le mauvais temps est de la partie. N'hésitez pas à monter à plus de 60 grammes si les vents et la mer sont déchaînés, en veillant naturellement à utiliser des shads dont la taille est adaptée.

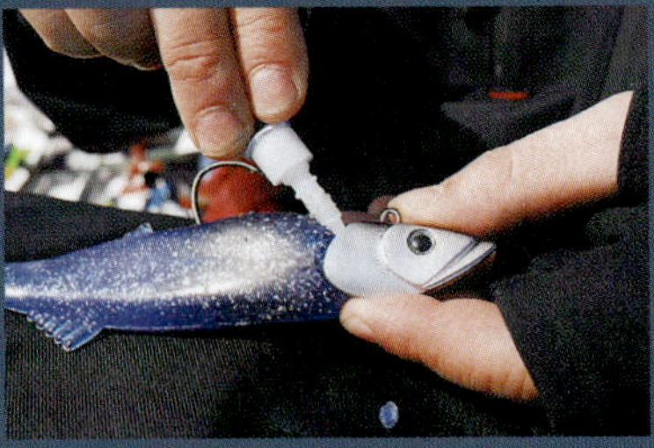

Habituellement les gros shads sont utilisés à la verticale en bateau. Ils restent pourtant très efficaces du bord où ils peuvent faire la différence sur les poissons nageurs. ▼

ou sept lancers vous aurez travaillé toute la colonne d'eau et vous pourrez changer de poste. Je précise que si vous prenez des poissons à une hauteur précise (à six secondes de coulée par exemple), il vous faut y rester, et sur toute la zone de pêche, car il est fort probable que cette veine d'eau soit celle qui alimente les poissons.

Nous en arrivons finalement à l'utilisation des leurres souples en milieu fortement agité, autrement dit dans les vagues. Le principe de **prospection des différentes profondeurs** reste à nouveau de mise, mais les leurres prennent une spécificité particulière. En règle générale, qui dit vagues dit vents et courants. Dans de bonnes conditions de pêche (et qui le sont également pour les poissons nageurs), les leurres souples doivent pouvoir se faire entendre par les poissons. Je vous conseille donc de choisir des shads de forte constitution. Il est important de privilégier la puissance de vibration sur la souplesse de nage. Ce sont ces vibrations qui, en se propageant, conduiront le poisson au leurre. Dans le domaine des vibrations, la texture des plastiques utilisés est capitale. Évitez les shads trop mous car la souplesse de la matière absorbe les vibrations. Pour qu'il soit correct, votre leurre doit vibrer très clairement dans la canne, cela vous aidera ensuite à moduler les vibrations en accélérant ou en décélérant.

▲ Le gros avantage des shads est de couler rapidement. C'est un plus non négligeable en comparaison des poissons nageurs qui parfois ne peuvent atteindre les bonnes profondeurs.

Bien évidemment, ces shads œuvrent sur les mêmes lieux que ceux décrits dans le passage concernant les poissons nageurs. Les zones rocheuses sont privilégiées car elles génèrent d'excellentes opportunités pour le poisson et le pêcheur. Tentez toujours autant que possible de passer au plus près des roches qui vous semblent intéressantes, quitte à perdre quelques leurres de temps en temps.

Que l'on pêche au fond ou dans les vagues il faut chercher l'herbe, le caillou ou la roche qui abrite le poisson. Le leurre souple permet cela et c'est aussi l'une des raisons qui fait aujourd'hui son succès.

SYMBIOS 420
SYMBIOS 500
SYMBIOS 450

Chapitre 4

Matériels et montages

Le matériel tient de toute évidence une place importante dans le confort du pêcheur. Il peut aussi optimiser les résultats, les améliorer sensiblement, mais en aucun cas il ne saurait être le facteur prédominant de la réussite. La mauvaise habitude à laquelle je suis fréquemment confronté avec les pêcheurs est leur absolu besoin de légèreté. Cette légèreté est systématiquement un gage de qualité pour bon nombre d'entre eux. Malheureusement, ce n'est pas toujours le cas, et techniquement la légèreté n'a de sens que dans les pêches dites légères et qui ne font appel qu'à de petits leurres ou à de petits plombs. Une canne sera toujours plus lourde si on lui demande plus de puissance, c'est un fait technique immuable. La **qualité de fabrication** est également pour moi un facteur très important dans l'achat d'une canne, et c'est pour cela que je vous donnerai chaque fois des recommandations précises sur les erreurs à ne pas commettre.

▼ La pêche en surfcasting se déroulant à poste fixe la plupart du temps, il faut du matériel adapté ainsi qu'une organisation sans faille pour pêcher confortablement.

En ce qui concerne les montages, vous avez deux options : une bonne et une mauvaise. La bonne consiste à utiliser des **montages simples** et à les adapter aux conditions de pêche. Ne partez pas dans des délires conceptuels qui n'ont pour seul résultat que de vous faire perdre votre temps. Un bon montage est celui qui ne mêle pas, qui ne vrille pas, qui ne se voit pas et surtout qui offre la liberté maximale à votre leurre ou à votre appât. Si le poisson ne peut pas percevoir dans le comportement de l'appât la moindre dépendance avec ce qui le retient, vous aurez d'excellents résultats et rapidement.

◀ Une canne de surf est un outil puissant qu'il convient de choisir à sa main. La puissance de la canne doit être adaptée au type de pêche pratiquée, sinon elle devient un calvaire à utiliser.

La mauvaise méthode est de se fier toujours au même schéma de montage sans jamais faire varier les longueurs et les diamètres de fils. Sous l'eau, chaque jour est différent. Les courants et les vagues changent continuellement et de ces changements découle la nécessité de s'adapter, autrement dit d'être créatif, sans pénaliser pour autant la simplicité !

Le matériel pour le surfcasting

Le matériel destiné au surfcasting peut avoir des spécificités différentes en fonction de la pratique que vous préférez mettre en œuvre. Soit vous souhaitez pêcher de façon dynamique et il vous faudra un matériel léger, soit vous désirez pêcher par mauvais temps et de façon statique et un matériel lourd vous sera nécessaire.

Dans les deux cas, les cannes devront présenter de bonnes capacités de lanceuses. Elles doivent pouvoir propulser efficacement des appâts sans trop les abîmer. Pour lancer loin, une canne de surfcasting doit être nerveuse. Le corps de la canne appelé le « **blank** » doit fléchir progressivement de la pointe jusqu'au talon, mais ce dernier doit être raide. Les cannes trop molles du talon doivent être écartées.

Les cannes télescopiques sont pratiques, légères et sensibles. Elles sont idéales pour les pêches estivales.

Ensemble typique pour surf léger

Le surfcasting léger implique de nombreux déplacements, ce qui entraîne des besoins de légèreté pour assurer un confort raisonnable. Retenez également que la recherche du bar en surf léger nécessite bien souvent de garder la canne en main. Il s'agit là d'une pêche active et la canne doit être très sensible afin de restituer les touches jusque dans la main.

Spécificités des cannes

Une canne pour le surf léger sera **télescopique ou en deux éléments** distincts (talon + scion). L'avantage des cannes télescopiques est leur faible encombrement qui facilite le transport. Elles sont néanmoins moins performantes d'un point de vue puissance que leurs homologues en deux éléments. La longueur peut être comprise entre 3,30 et 4 mètres, en fonction de votre région. Les cannes courtes s'adaptent bien aux pêches méditerranéennes tandis que les cannes longues sont souvent exigées en Atlantique. Comme nous parlons ici de surf « léger », la puissance des cannes ne doit pas excéder 120 grammes, toute puissance supérieure serait totalement inutile. Veillez à ce que vos cannes soient dotées d'une bonne sensibilité en pointe, d'un talon bien raide et d'une retransmission bien nette des touches et de la nature du fond. Une canne trop molle absorberait ces informations et vous perdriez ainsi en qualité de pêche.

Spécificités des moulinets

Ces cannes étant légères, on ne peut envisager de leur coupler un moulinet trop lourd. Optez pour un moulinet doté d'un **enroulement croisé** des spires de la ligne. Cet enroulement est indispensable car c'est lui qui délivre les meilleures performances au lancer ; une capacité de 250 mètres de 30/100 est idéale. Cela correspond à peu près à une taille 4 000 à 5 000. Un bon ratio de récupération est

En surf léger, les moulinets doivent être agréables à utiliser. Ce Riptide de Mitchell est un excellent compromis alliant performance et légèreté.

également important sans être absolument nécessaire ; il vous fera néanmoins gagner du temps en cours de pêche. Enfin, j'insisterais volontiers à nouveau sur le poids du moulinet. Pensez que vous garderez la canne en main des heures durant, alors autant intégrer ce facteur dans vos choix.

Spécificités des lignes

Contrairement au surfcasting lourd pour lequel je déconseille l'utilisation des tresses, le surf léger s'en accommode fort bien. L'avantage de la **tresse** est de procurer de bien meilleures sensations lors des touches ou de la lecture du fond. L'absence quasi totale d'élasticité apporte un confort incomparable dans toutes les pêches tactiles aux appâts naturels comme aux leurres. Optez pour une tresse fine, de l'ordre de 10 à 14/100 que vous compléterez par un bourrage (en fond de bobine) en nylon de 30/100.

Ensemble typique pour surf lourd

Focalisez votre attention sur la sensibilité de pointe, le facteur le plus difficile à gérer lors de l'achat d'une canne. Fuyez les pointes qui ne fléchissent pas naturellement sous la pression. Prenez les quarante derniers centimètres de la canne et exercez une légère pression sur la pointe. Le scion doit fléchir facilement sans pression excessive. Veillez également à ce que votre canne soit dotée de **bagues de renfort** sur les emmanchements, cela assure une bonne durée de vie et évite à la canne de se fatiguer trop vite.

Spécificités des cannes

Les cannes de surfcasting lourd sont généralement conçues en **trois éléments de longueur égale**. Ces cannes affichent une puissance de 100 à 250 grammes, qui n'est pas toujours vérifiable... Des modèles en deux brins existent également, mais ils sont généralement encombrants car la longueur minimale d'une canne de surfcasting est d'environ 4,20 mètres. Ne descendez pas en dessous car en cas de mauvais temps votre canne ne pourrait être portée assez haute pour extraire la ligne des vagues. Les cannes de 4,50 et 5 mètres sont d'ailleurs largement plébiscitées sur la

◀ On trouve aujourd'hui d'excellents produits à un prix très raisonnable. Il ne faut cependant pas préjuger de ses capacités, surtout lorsque l'on débute. On doit prendre une canne adaptée à son niveau technique.

façade atlantique car elles ont la réputation de mieux soutenir la ligne au-dessus des rouleaux.

▲ Le moulinet est le cœur de la technique, plus encore que la canne. Il ne faut pas lésiner sur le prix et prendre un produit fiable et éprouvé.

Spécificités des moulinets

Les moulinets de surfcasting lourd sont évidemment plus gros que les modèles présentés précédemment. Optez pour un moulinet d'une **contenance minimum de 300 mètres de 35/100**, ce qui équivaut à une taille 7000 à 10000 selon les marques. Retirer du sable un plomb grappin de 150 grammes exerce de fortes pressions sur les moulinets et notamment sur l'axe. Faire confiance à une marque réputée vous évitera bien des déconvenues.

◀ Le nylon reste le maître incontesté dans le domaine des lignes de surf. On peut choisir ce nylon en fonction de sa raideur ou de sa résistance selon qu'il est destiné aux montages ou au moulinet.

Spécificités des lignes

Comme je l'ai précisé précédemment, je suis totalement opposé à l'utilisation de la tresse en surfcasting lourd et pour plusieurs raisons. La première est l'absence totale d'élasticité qui fait considérablement souffrir le nerf des cannes. La seconde est la trop grande sensibilité de la tresse qui, du fait que les cannes sont posées sur un piquet, engendre souvent une perception bilatérale : vous sentez mieux les touches, mais les poissons sentent aussi bien mieux la canne. Viennent ensuite les risques de décrochages dus au déchirement des chairs, un cas qui intervient fréquemment dans des mers difficiles. Pour remplir vos moulinets, optez pour un **nylon assez raide** (qui sera toujours plus élastique que la tresse), transparent ou de couleur. Les diamètres peuvent aller du 30/100 au 40/100 en fonction des conditions de pêche et des montages que vous utiliserez.

Les montages pour le surfcasting

Montage 1 : Montage une empile ①

Ce simple montage est une base incontournable pour tout pêcheur en surfcasting. Constitué d'une seule empile, il permet une présentation de l'esche en suspension. Le principe est de faire évoluer l'appât dans les vagues et les courants. Ce montage est préconisé dans des mers agitées à fortes pour que l'esche suive le mouvement des vagues. En présence de courants soutenus, vous pouvez l'allonger jusqu'à une limite de 2,50 mètres. Cet allongement permet une évolution plus naturelle de l'esche.

Tenue de la canne :
* Avec courant : basse
* Sans courant : haute

Diamètre des fils :
* Corps de ligne : 50 à 60/100
* Empiles pour vagues avec courant : 30 à 35/100
* Empiles pour vagues sans courant : 40 à 45/100

Longueurs des empiles :
* Empiles pour vagues avec courant : 1,50 à 2,50 mètres
* Empiles pour vagues sans courant : 0,80 à 1,50 mètre

Conditions de mer : mer agitée à forte

Plombée : grappin de 100 à 150 grammes

Type d'hameçons :
* Pour les vers : type aberdeen n° 10 à 2
* Pour les coquillages : type aberdeen n° 4 à 2
* Pour les chairs animales : type octopus n° 2 à 6/0

Montage 2 : Montage deux empiles ②

Ce montage est à privilégier les jours de grands courants car il présente des empiles plus courtes. Le courant aide les appâts à vivre. Il peut aussi être utilisé pour le poisson plat en étant couché sur le sol.

Tenue de la canne :
  * Avec courant : basse
  * Sans courant : haute

Diamètre des fils :
  * Corps de ligne : 50 à 60/100
  * Empiles pour vagues avec courant : 30 à 35/100
  * Empiles pour vagues sans courant : 40 à 45/100

Longueurs des empiles :
  * Empiles pour vagues avec courant : 0,80 à 1 mètre
  * Empiles pour vagues sans courant : 0,40 à 0,80 mètre

Conditions de mer : mer agitée à forte

Plombée : grappin de 100 à 150 grammes

Type d'hameçons :
  * Pour les vers : type aberdeen n° 10 à 2
  * Pour les coquillages : type aberdeen n° 4 à 2
  * Pour les chairs animales : type octopus n° 2 à 6/0

Montage 3 : Montage une empile et un traînard ③

Ce montage est une évolution du précédent. L'empile basse présente son appât sur le sol, ce qui permet d'établir deux niveaux de présentation afin de localiser la zone où se nourrit le poisson. Vous pouvez éventuellement présenter un ver sur l'hameçon supérieur et un coquillage sur l'hameçon inférieur.

Tenue de la canne :
  * Avec vagues : haute
  * Sans vagues : basse

Diamètre des fils :
  * Corps de ligne : 50 à 60/100
  * Empiles pour vagues avec courant : 30 à 35/100
  * Empiles pour mer calme avec courant : 24 à 30/100

Montage une empile

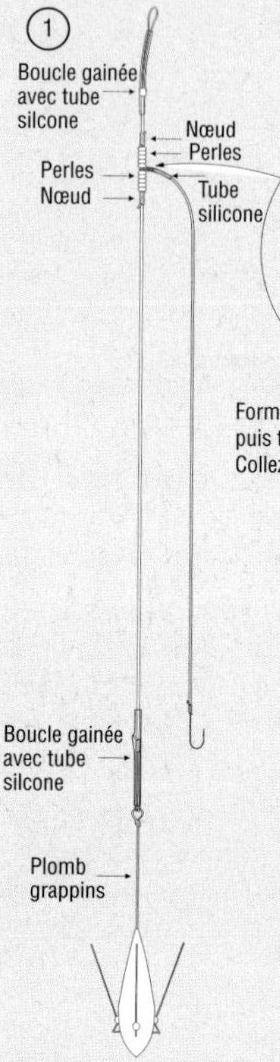

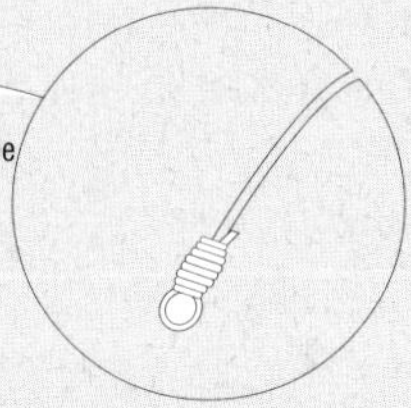

Formez une micro-boucle avec une aiguille à ver, puis terminez par une ligature bien serrée. Collez le nœud pour obtenir un anneau rotatif.

Montage deux empiles

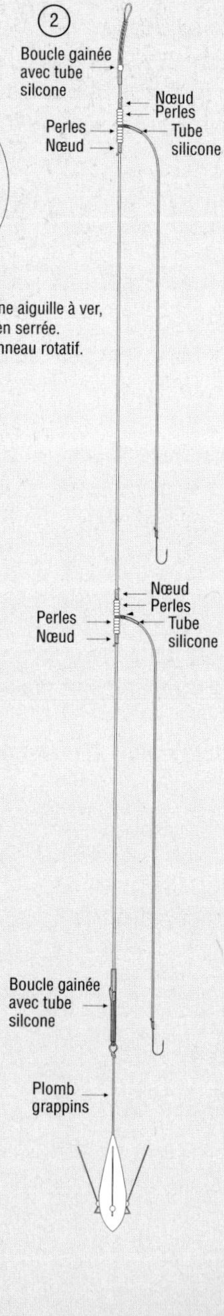

Montage une empile et un traînard

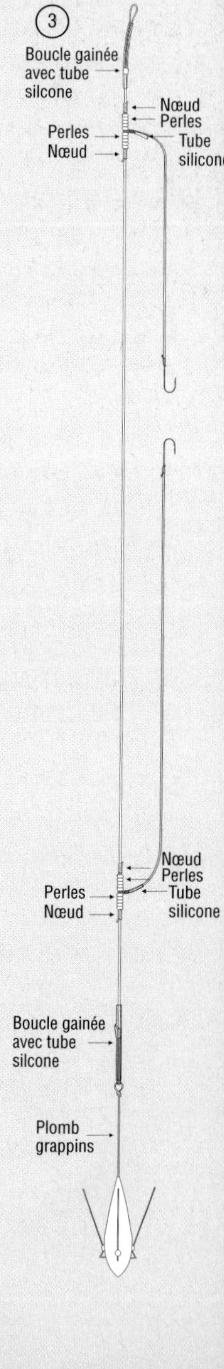

Montage un traînard fixe (queue de rat)

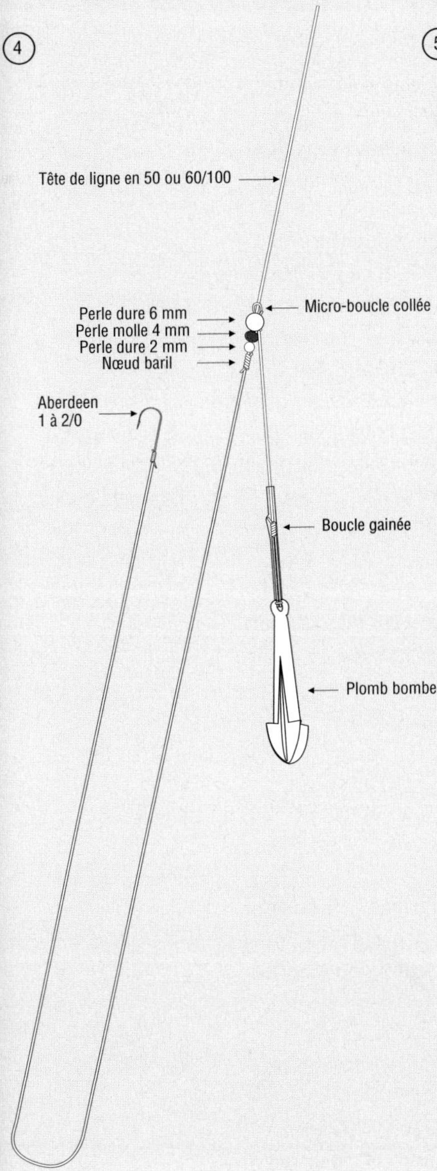

Montage un traînard coulissant

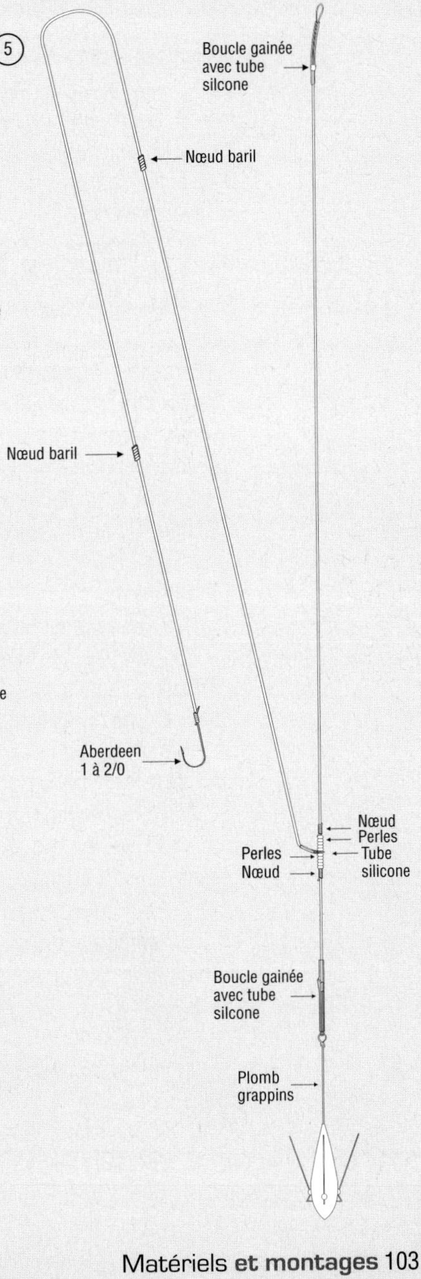

Longueurs des empiles :
* Empiles pour mer calme avec courant : 1,50 à 2,50 mètres
* Empiles pour vagues avec courant : 0,80 à 1,50 mètre

Conditions de mer : mer calme à peu agitée

Plombée : grappin de 100 à 150 grammes

Type d'hameçons :
* Pour les vers : type aberdeen n° 10 à 2
* Pour les coquillages : type aberdeen n° 4 à 2
* Pour les chairs animales : type octopus n° 2 à 6/0

Montage 4 : Montage un traînard fixe (queue de rat) (4)

Le traînard fixe est idéal pour les étales de marée ou les mers légèrement formées. La conception du traînard en queue de rat permet d'éloigner considérablement l'esche du plomb tout en diminuant les risques d'emmêlement dus à la longueur. Ce montage est destiné à la présentation d'appâts légers.

Tenue de la canne :
* Avec vagues : haute (pour les vagues)
* Sans vagues : sans importance

Diamètre des fils :
* Corps de ligne : 50 à 60/100
* Traînard pour mer calme : 50/100 : 100 cm, 40/100 : 80 cm, 30/100 : 50 cm, pointe : 30 cm
* Traînard pour mer peu agitée : 50/100 : 80 cm, 40/100 : 60 cm, 30/100 : 30 cm, pointe : 20 cm

Longueurs du traînard :
* Traînard pour mer calme : 2,60 mètres
* Traînard pour mer peu agitée : 1,90 mètre

Conditions de mer : mer calme à peu agitée

Plombée :
* Grappin de 100 à 150 grammes
* Plomb bombe de 50 à 150 grammes

Type d'hameçons :
* Pour les vers : type rond à palette n° 10 à 2
* Pour les coquillages : type aberdeen n° 4 à 2

Montage 5: Montage un traînard coulissant (5)

Le traînard coulissant est préconisé pour les mers calmes sans courant. Il permet de pêcher aussi bien en surf léger qu'en surf lourd et peut également être utilisé pour pêcher les sparidés (dorades, marbrés, sars). Vous pouvez allonger le traînard jusqu'à plus de 3 mètres pour augmenter la discrétion, ce qui nécessite vraiment des fonds calmes.

Tenue de la canne : basse, de préférence
Diamètre des fils :

* Corps de ligne : 50 à 60/100
* Traînard pour mer calme : 20 à 30/100

Longueurs du traînard : 1,50 à plus de 3 mètres
Conditions de mer : mer calme
Plombée : plomb bombe de 50 à 150 grammes
Type d'hameçons :

* Pour les vers : type aberdeen n° 10 à 2
* Pour les coquillages : type aberdeen n° 4 à 2
* Pour les chairs animales : type octopus n° 2 à 6/0

Le matériel pour les pêches aux leurres

La puissance des cannes utilisées s'étend de quelques grammes à près d'une centaine. Ces plages de puissance varient en fonction de l'utilisation pour laquelle chaque canne est destinée. D'un point de vue longueur nous avons le choix entre un peu moins de 2 mètres et un peu plus de 3 mètres, et une fois de plus cette longueur dépend des conditions de pêche.

◀ Plus que pour toute autre technique, la pêche aux leurres exige un matériel spécifique pour chaque type de leurre. On trouve des cannes polyvalentes, mais il est toujours plus confortable et surtout efficace d'employer un matériel vraiment adapté aux besoins.

Leurres de surface

→ **Longueurs adéquates** : 1,80 à 2,20 mètres en terrain plat – 2,40 à 2,70 mètres en terrain accidenté.

→ **Puissances idéales** : 10 à 40 grammes en moyenne.

Les leurres de surface travaillent dans la pellicule de l'eau. Pour les animer correctement, il est important que la canne soit nerveuse en pointe pour retransmettre parfaitement l'énergie donnée par le pêcheur.

À l'heure actuelle, la tendance est aux cannes courtes d'une longueur maximale de 2,40 mètres. Bien que très forte, cette tendance ne peut se substituer aux besoins réels du terrain. Si vous pêchez par beau temps sur des zones peu accidentées, une canne courte peut parfaitement faire l'affaire. Elle sera légère et agréable à utiliser. De plus, vous aurez de grandes facilités à trouver sur le marché des cannes de 2 mètres (ou un peu moins), dotées des caractéristiques nécessaires et à un prix raisonnable.

Si vous pêchez des zones très accidentées qui vous obligent à pêcher en surplomb (au-dessus du niveau de la mer), les cannes courtes sont pénalisantes. Elles « pêchent » par manque de longueur

Les cannes japonaises (ici des cannes Tenryu) ont posé les nouveaux standards de qualité du marché actuel.

Prix, qualité et efficacité

En matière de matériel, le niveau de prix est systématiquement associé au niveau de qualité. Contrairement au surfcasting pour lequel le poids des cannes n'a qu'un impact modéré sur les performances et le confort, la pêche aux leurres est très exigeante à ce niveau-là. Acheter une canne légère à bas prix n'est pas difficile, par contre bénéficier en même temps de la légèreté, de la nervosité, de la puissance et de la solidité est un challenge impossible à relever. Si vous voulez vous amuser, prendre du plaisir et profiter de vos parties de pêche, ne faites pas l'impasse sur le matériel. Comptez un budget minimum de 300 € pour l'ensemble canne et moulinet et fuyez les prix d'appel d'entrée de gamme.

et n'offrent aucun confort dans l'animation. Préférez-leur dans ce cas des modèles plus longs, de 2,40 à 2,70 mètres. Les centimètres supplémentaires offrent un levier plus confortable, tant au niveau du maniement que du contrôle du poisson lors du combat. Dans ces longueurs, si vous désirez associer la légèreté à la nervosité, vous n'aurez d'autre choix que d'opter pour des modèles de haut de gamme, coûteux certes, mais tellement plus confortables !

Poissons nageurs

- → **Longueurs adéquates** : 2 à 2,40 mètres en terrain plat – 2,40 à 3,30 mètres en terrain accidenté.
- → **Puissances idéales** : 10 à 40 grammes en moyenne, 20 à 60 grammes pour mauvais temps.

Les jerk baits nécessitent des animations percutantes, la canne doit donc, comme pour les leurres de surface, bénéficier d'une nervosité progressive qui court jusqu'à l'extrémité. Il en va de même pour les longbill minnows dotés d'une grande bavette, et qui opposent une résistance importante à la récupération. Enfin, les lipless minnows ont également besoin de nerf pour réagir avec précision. Ces trois familles de poisson nageurs s'accommodent donc parfaitement des cannes citées précédemment pour les leurres de surface, ce qui facilite les choses !

L'époque des grandes cannes de plus de 3 mètres est révolue. L'amélioration des matériaux offre aujourd'hui des cannes légères, puissantes et performantes.

L'exception concerne les shortbill minnows, ces leurres dotés d'une petite bavette large. Leur conception tend à créer des vibrations puissantes basées sur la simple pression d'une récupération linéaire. Ces vibrations peuvent être accentuées par une canne trop nerveuse et finalement desservir le pêcheur. Ce qui pourrait être un problème avec les leurres de surface ou les autres poissons nageurs est ici un avantage : bénéficier d'une pointe souple absorbe une partie des vibrations, ce qui adoucit le comportement du leurre. Cette souplesse doit être plutôt répartie sur le scion de la canne, et pas uniquement sur la pointe car cela apportera un plus indéniable au niveau du lancer. Ces cannes sont très techniques car pouvoir bénéficier d'un nerf efficace au lancer en parallèle d'une souplesse

Plus l'on pêche « court » et près du bord et plus il faut des cannes nerveuses au talon pour dominer la fougue du poisson.

adéquate est un challenge difficile à relever avec des cannes de gamme moyenne. Seuls quelques fabricants se tirent habilement de ces contraintes techniques et votre détaillant saura vous guider dans ce domaine.

Jigs

- **Longueurs adéquates** : 1,80 à 2,20 mètres pour la verticale – 2,70 à 3 mètres pour le surfcasting.
- **Puissances idéales** : 10 à 40 grammes pour la verticale – 20 à 80 grammes pour le surfcasting.

Les jigs sont denses et parfois lourds. Dans la plupart des cas il vous faut une canne assez nerveuse. Pour travailler des petits jigs à la verticale, une canne courte est idéale car elle offre un maximum de sensations et de confort. Pour le surfcasting les choses se compliquent un peu car il faut être capable de lancer loin tout en gardant un contrôle parfait du leurre. Faites confiance à la longueur dans ce cas précis et si vous n'avez pas de canne longue et nerveuse, préférez tout de même une canne un peu souple à une autre plus rigide mais trop courte.

Leurres souples

- **Longueurs adéquates**: 1,80 à 2,20 mètres pour leurres de moins de 20 grammes – 2,40 à 2,70 mètres pour les leurres de plus de 20 grammes.
- **Puissances idéales**: 5 à 20 grammes pour les petits leurres – 10 à 40 grammes pour les gros shads.

Qui dit leurres souples dit leurres de fond ou leurres à lancer. Pour tout ce qui touche aux pêches de fond, la sensibilité est de mise. Il faut percevoir le moindre contact avec le fond ou avec le poisson. Une canne légère est donc une priorité. L'action de pointe gagne à être souple pour les leurres légers (moins de 5 grammes) et plus nerveuse pour les grammages supérieurs. L'équilibrage de la canne est également un facteur important qui agit sur la sensibilité générale. Évitez les cannes qui pointent du nez car trop lourdes en pointe. La pointe doit être légère !

Pour les pêches plus lourdes qui imposent des lancers longs, les besoins se rapprochent bien plus des spécificités décrites pour les leurres de surface, les poissons nageurs ou les jigs.

Et s'il ne vous fallait qu'une seule et unique canne ? Bien épineuse question que celle-ci, car en matière de pêche aux leurres la pluralité est de mise. Si vous vous spécialisez dans une technique précise, vous n'aurez aucun problème à choisir la canne qui vous convient le mieux. Si vous êtes avide de polyvalence et que vous

◀ Partir au bord de l'eau avec une canne courte et une canne plus longue permet de pêcher plus efficacement tous les types de postes.

▼ Plus on pêche avec des leurres légers, et plus la canne doit être sensible. La puissance du talon n'a rien à voir avec la légèreté des leurres. Elle doit juste être complétée par une pointe hypersensible.

trépignez d'impatience chaque semaine, il vous faudra très probablement vous adapter aux conditions météo que Dame nature vous impose. Ce sont donc plusieurs techniques qu'il vous faudra mettre en œuvre au cours d'une saison, ce qui multiplie les risques d'être mal à l'aise avec votre seule et unique canne. Très sérieusement, je vous conseille d'avoir au minimum deux cannes, une courte et une plus longue. Disons que pour toutes les pêches confortables une canne de 2,20 mètres est un bon compromis. Une puissance de 10 à 40 grammes couvre à peu près tous les besoins à l'exception des leurres souples très légers. Vous perdrez en sensibilité, mais globalement vous serez assez autonome. L'autre canne sera nettement moins utilisée, mais indispensable dans des situations pourtant très prometteuses. Pêcher les digues, par exemple, avec une mer formée voire mauvaise est une magnifique opportunité de prendre des bars et des loups au poisson nageur. Travailler les mêmes secteurs avec des gros leurres de surface ou rechercher les chasses au jig sont autant de situations qui ne sont pas envisageables avec une canne trop courte. Optez pour un minimum de 2,70 mètres (longueur qui offre le plus grand choix dans le commerce), et poussez jusqu'à 3 mètres si vous pêchez des secteurs à fort surplomb. Pour conserver une polyvalence suffisante à cette canne, restez sur une plage de puissance équivalente à la première de l'ordre de 10 à 40 grammes

Du côté des moulinets

Plusieurs facteurs sont à prendre en compte lors du choix d'un moulinet, à commencer par la taille. De cette taille découlent deux choses : la contenance de ligne et le poids qui doivent correspondre à la longueur de la canne choisie. Pour pêcher le bar, une contenance de 150 mètres de tresse est amplement suffisante et n'impose aucune restriction de taille. On choisit donc principalement selon des critères d'équilibre entre la canne et le moulinet. Pour des cannes d'une longueur inférieure ou égale à 2,20 mètres, un moulinet de taille 2 500 est idéal. Petit et léger il ne contrarie pas la légèreté de la canne et offrira une sortie de ligne parfaitement alignée avec les anneaux dont sont dotées ces cannes. Pour une taille comprise entre 2,40 et 2,70 mètres, une taille 3 000 offre un

meilleur équilibre et de meilleures performances au lancer. Enfin, les tailles 4000 et 4500 sont adaptées à des pêches lourdes (par mauvais temps) et ne peuvent convenir qu'à des cannes d'une longueur minimum de 2,70 mètres.

Le facteur de choix principal pour un moulinet à tambour fixe est la qualité de l'enroulement de la tresse. Le poids est aussi très important pour le confort et la qualité des animations.

Montages pour pêches aux leurres

En matière de pêche aux leurres, les montages sont nettement moins nombreux que dans toutes les techniques de pêche aux appâts naturels. L'une des seules choses à laquelle il faut prêter attention est la discrétion des montages, et notamment aux diamètres de ceux-ci. Réalisez donc systématiquement tous vos montages et vos têtes de ligne en fluorocarbone qui est actuellement le plus discret et le plus performant. En ce qui concerne les diamètres de montage, privilégiez toujours la finesse, mais attention, pêcher en finesse ne signifie pas faire n'importe quoi ! La résistance de vos bas de ligne est votre seule garantie de vaincre vos adversaires. Pêcher fin dans une mer déchaînée n'évoque bien évidemment pas les mêmes diamètres de lignes que ceux qu'impliquent des eaux calmes et transparentes !

La tête de ligne est un élément clé en matière d'efficacité et de discrétion. Il faut l'adapter aux conditions du moment, et notamment en terme de diamètre.

Qu'est-ce qu'une tête de ligne ?

Une tête de ligne est un morceau de fluorocarbone fixé entre le leurre et la tresse et dont l'objectif est double. En premier lieu, le fluorocarbone assure une discrétion optimale. Totalement transparent, il évite au poisson (dans la plupart des cas) de remarquer la ligne. Dans un second temps, la rigidité du fluorocarbone évite au leurre de s'emmêler les triples ou les hameçons dans la ligne. La tresse étant très souple, sans fluorocarbone, les emmêlements sont très fréquents.

Du fluorocarbone, c'est quoi ?

Le fluorocarbone est apparu sur le marché vers la fin des années 1990. Ce matériau se différencie nettement des nylons traditionnels. Sa propriété principale est de laisser passer les ultraviolets. Il est donc plus discret et reflète moins la lumière que les nylons. La grande majorité des spécialistes ne peuvent plus envisager aujourd'hui d'abandonner le fluorocarbone (ce qui est aussi vrai pour toutes les pêches aux appâts naturels). Dans un deuxième temps, le fluorocarbone affiche une rigidité très nettement supérieure au nylon, ce qui lui confère un comportement idéal pour le maniement des leurres. La tête de ligne ne vrille pas et glisse parfaitement devant le leurre. Enfin, cette rigidité diminue également l'élasticité du matériau, ce qui au regard de certains nylons est un atout considérable lors des animations. Il ne servirait à rien d'utiliser de la tresse pour connecter le leurre à un morceau de fil élastique... Comme toujours, la règle du marché veut que l'on trouve plusieurs qualités de fluorocarbone. Demandez toujours du fluorocarbone de grade 1, le plus haut de gamme et aussi le plus cher.

Agrafe ou pas agrafe ?

Certains pêcheurs assurent que les agrafes sont pénalisantes et qu'elles diminuent l'efficacité des leurres. D'autres, dont je fais partie, ne peuvent s'en passer. L'agrafe permet un changement rapide de leurre et parfois cette rapidité est un atout. Toutefois, il est vrai qu'inadaptée, l'agrafe peut contrarier la bonne nage du leurre. Optez toujours pour des modèles aussi légers que possible à choisir en fonction du leurre utilisé. Pour un jig, ne vous attachez pas au poids, mais à la résistance, pour un leurre souple, privilégiez la discrétion et la légèreté. Il est aussi important d'utiliser des agrafes « rondes » pour les leurres de surface, de façon à ne pas brider la nage du leurre. Enfin, ne transigez pas sur la qualité. À quelques euros près, achetez toujours les agrafes de marque réputée.

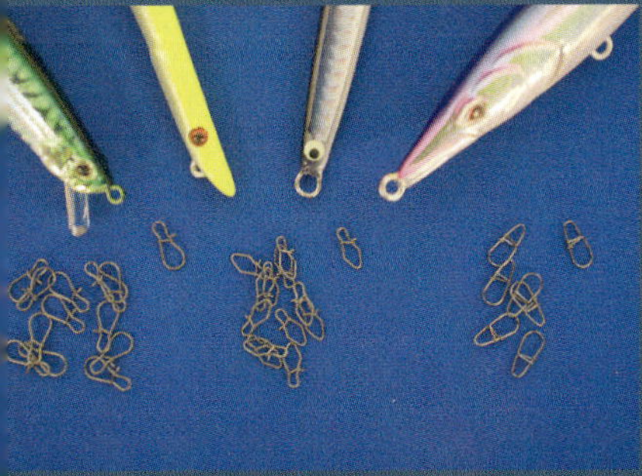

Les agrafes de mauvaise qualité sont bien souvent à l'origine de la perte des beaux poissons. Il ne faut pas transiger dans ce domaine et acheter des marques réputées.

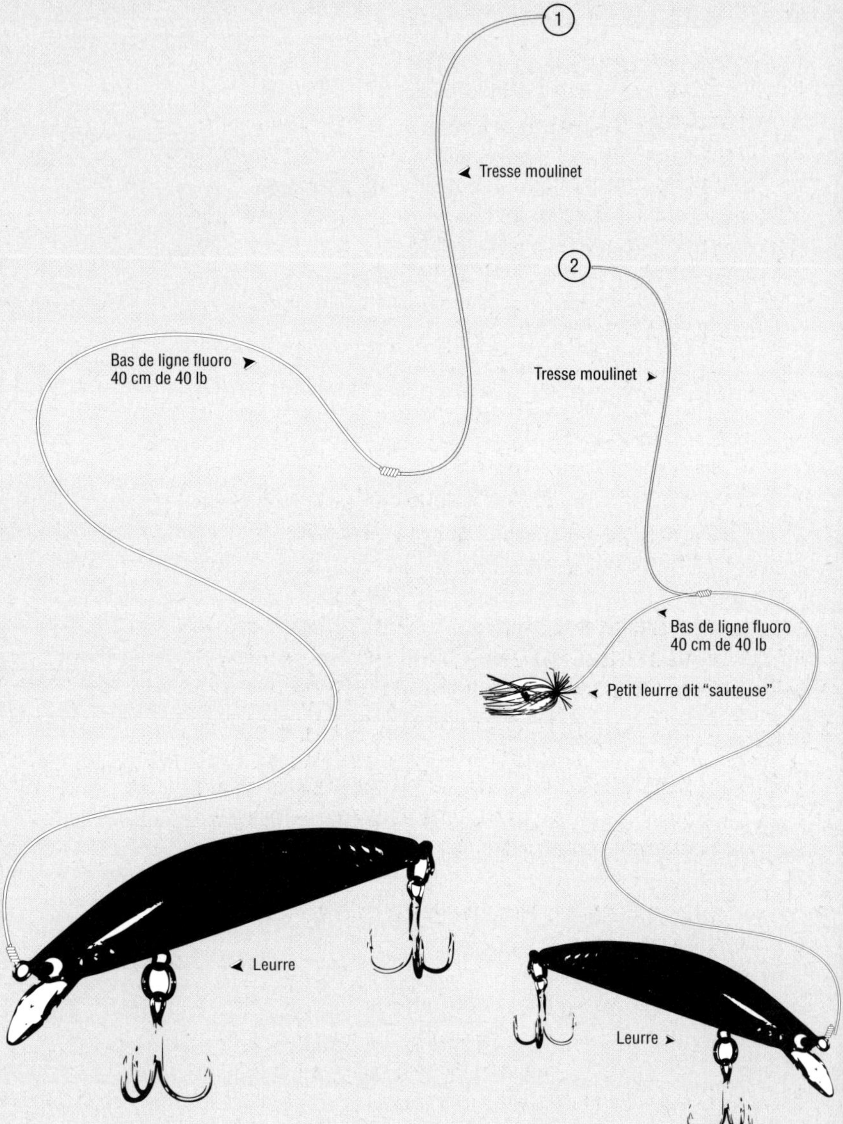

1
Tresse moulinet
2
Bas de ligne fluoro
40 cm de 40 lb
Tresse moulinet
Bas de ligne fluoro
40 cm de 40 lb
Petit leurre dit "sauteuse"
Leurre
Leurre

Montage 1 : Montage simple ①

Ce montage est la base de tout dans le domaine du leurre. Constitué d'une simple tête de ligne et éventuellement d'une agrafe terminale pour fixer le leurre, il doit être correctement réalisé, en particulier au niveau du nœud de connexion. La tresse est un matériau qui tend à glisser, il faut donc multiplier les tours et serrer progressivement jusqu'au blocage final. Vous pouvez également coller ce nœud avec une goutte de colle.

Types de technique : leurres de surface, poissons nageurs, jigs et leurres souples
Composition de la ligne :
- * Tresse : tous diamètres
- * Tête de ligne : fluorocarbone

Longueurs de la tête de ligne : 40 à 80 centimètres (fonction de la longueur de la canne, le nœud ne doit pas rentrer dans les anneaux au moment du lancer)

Montage 2 : Montage avec sauteuse ②

Une sauteuse est un tout petit leurre placé devant le leurre terminal. Cette sauteuse a pour but de simuler un acte de prédation (le gros leurre donnant l'impression de chasser le petit). Dans le milieu naturel, le bar est très sensible à cette situation et répond généralement par une attaque très agressive. Ce montage est parfois le seul à dénouer des situations critiques, notamment lorsque les eaux sont claires et le poisson difficile.

Types de technique : leurres de surface, poissons nageurs et jigs
Composition de la ligne :
- * Tresse : tous diamètres
- * Tête de ligne : fluorocarbone

Longueurs de la tête de ligne : 40 à 80 centimètres (fonction de la longueur de la canne, le nœud ne doit pas rentrer dans les anneaux au moment du lancer)

Montage 3 : Montage Drop Shot ③

Le montage Drop Shot est destiné à une animation précise d'un leurre juste au-dessus du fond. Idéal pour les leurres souples, il permet de pêcher le long d'obstacles au sein desquels seraient postés les prédateurs. Il est essentiellement travaillé à la verticale et équipé de leurres souples non plombés, le lest terminal faisant office de poids.

Types de technique : leurres souples

Composition de la ligne :

- * Tresse : tous diamètres
- * Tête de ligne : fluorocarbone suivi d'un bas de ligne plus fin

Longueurs des éléments :

- * Tête de ligne : 40 à 80 centimètres (fonction de la longueur de la canne, le nœud ne doit pas rentrer dans les anneaux au moment du lancer)

Potences : 0 à 5 centimètres

Montage 4 : Texan ④

Le montage texan est au leurre ce que le traînard est au surfcasting. Il permet de présenter un leurre souple sur le fond, en le grattant comme on le ferait avec un appât. Constitué d'un lest coulissant, il présente un bas de ligne plus ou moins long au bout duquel est fixé un hameçon anti-herbe appelé hameçon « texan ». Ce type d'hameçon permet de cacher la pointe de l'hameçon dans le dos du leurre, évitant ainsi les accrochages et sans aucun risque pour la prise du poisson.

Types de technique : leurres souples

Composition de la ligne :

- * Tresse : tous diamètres
- * Tête de ligne : fluorocarbone suivi d'un bas de ligne plus fin

Longueurs des éléments :

- * Tête de ligne : 40 à 80 centimètres (fonction de la longueur de la canne, le nœud ne doit pas rentrer dans les anneaux au moment du lancer)

Traînard : 20 à 100 centimètres

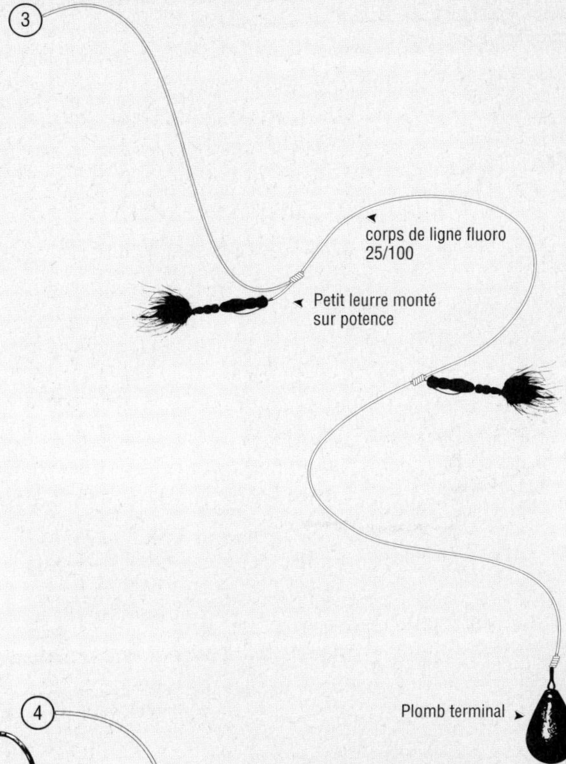
3
corps de ligne fluoro
25/100
Petit leurre monté
sur potence
Plomb terminal

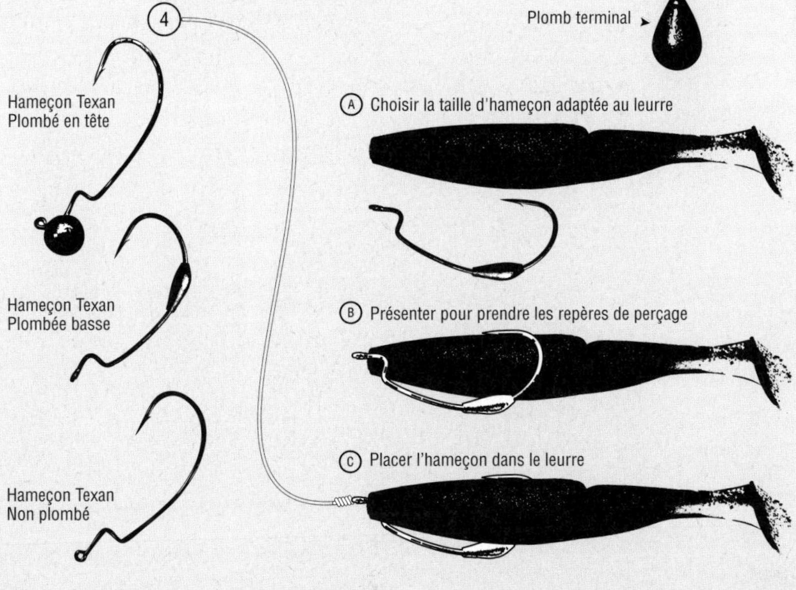
4
Hameçon Texan
Plombé en tête
Hameçon Texan
Plombée basse
Hameçon Texan
Non plombé
A Choisir la taille d'hameçon adaptée au leurre
B Présenter pour prendre les repères de perçage
C Placer l'hameçon dans le leurre

MUSTO
PERFORMANCE
MPX

Conclusion

Il y a toujours un bar ou un loup à tromper. Quelle que soit votre région de pêche, quelle que soit la saison ou la météo, il y a toujours un moyen de leurrer un de ces poissons mythiques.

Je comparerais le bar à un diamant dont les multiples facettes construisent la personnalité et le caractère. Ne pêcher le bar ou le loup qu'au leurre de surface permet de découvrir une des facettes de sa personnalité. L'attaquer également avec les autres familles de leurres délivre peu à peu les facettes adjacentes. Utiliser des appâts naturels découvre encore d'autres facettes opposées aux premières et tout aussi enrichissantes. La pêche du bar est un monde merveilleux fait de mystères, de certitudes et d'incompréhensions. Ce complexe mélange entre simplicité et technicité donne à ce poisson ses lettres de noblesse.

◀ Peser le poisson permet également de consigner des informations que l'on peut ensuite remonter aux organismes de contrôle et de préservation.

▼ Le bar et le loup méritent un amour infini. Ils ne sont pas que de simples proies, mais plutôt des compagnons de jeu qu'il faut respecter.

Relâcher un gros bar n'est pas un geste absurde. Cela contribue au développement personnel d'un pêcheur qui se veut « moderne ».

J'en arrive à présent à ce conseil que j'aimerais pouvoir donner plus largement encore : soyez curieux ! Tous les grands pêcheurs de bars et de loups sont curieux de nature et toute leur histoire de pêcheur s'est construite autour de cette curiosité. Être curieux conduit à se poser des questions, et donc à tenter d'y répondre ! Chaque fois que j'écris des articles ou des livres, chaque fois que je tente de transmettre cette passion de la pêche dans mes écrits, je tente d'apporter des solutions à des problèmes qui se posent à mes lecteurs. Pourtant, il m'arrive d'exprimer aujourd'hui des quasi-certitudes auxquelles je n'aurais pas pu adhérer voilà une vingtaine d'année.

Les populations de bars et de loups sont fragiles et en stress constant. Épuisées par des pêches excessives, ces populations mutent, évoluent. Si nous n'avons de cesse d'améliorer nos leurres, notre matériel et nos solutions techniques, c'est non seulement pour prendre du poisson, mais parfois pour en prendre plus…

Après tant d'années à prendre des bars, tant d'années à rencontrer des pêcheurs tous aussi fameux les uns que les autres, tant d'années à prendre en photo des poissons aussi majestueux que déprimants une fois morts, j'ai changé ; ma vision de la pêche a changé. La conclusion de ce livre ne pouvait être autrement car si j'ai pu vous apprendre dans ces pages à prendre plus de bars ou de loups, je ne voudrais pas que cela soit au dramatique détriment de ces poissons.

Mesurer ses poissons permet de collecter des informations capitales pour la compréhension de l'espèce.

Personnellement, trois choses me font réellement rêver aujourd'hui : vaincre un poisson que j'ai pu « deviner » au recoin d'un caillou, l'immortaliser sur la plus belle photo que je sois en mesure de faire de lui et… lui rendre sa liberté.

Combien de fois ai-je entendu comme excuse : « Oui, mais si c'est pour le relâcher et qu'il finisse dans un filet cela ne sert à rien ! » Cette réflexion est pour moi d'une tristesse absolue. Et ce poisson de trois kilos leurré par un poisson nageur a-t-il fini dans un filet avant de s'offrir à nous ? NON ! Je n'en doute pas, vous prendrez encore de nombreux bars ou de nombreux loups. Je l'espère, ces pages vous auront ouvert des voies menant à la réussite. Conserver un poisson pour votre consommation est un droit inaliénable, tant que vous ne considérez pas que la mer vous appartient.

Le bar est un poisson extraordinaire, il est pour moi comme pour bien d'autres pêcheurs un ami de toujours, un confident. Le rencontrer au détour d'une plage de sable blanc ou à flanc d'une falaise en furie est toujours un moment privilégié durant lequel on oublie tous ses tracas. Notre petite vie de citadins persécutés devient en quelques minutes seulement celle que nous voudrions tous vivre. Le temps n'a plus de prise sur nous à l'exception de l'insupportable nécessité de rentrer chez soi. Tout ceci nous le devons à qui ? Aux bars, aux loubines, aux loups que l'on traque autant que faire se peut.

Le protéger n'est pas un droit, mais un devoir dont chacun doit être conscient. Le relâcher est un geste noble, mais autant ne pas le faire si c'est pour le laisser cuire au soleil de longues minutes sur un

Oui, les grands guides de pêche du moment font de la relâche une véritable cérémonie. Rendons hommage à ces grands bonhommes !

sol aussi dur qu'abrasif. L'attraper par les ouïes, déchirer ses chairs et ses branchies est un geste aussi mal compris que traumatisant. Respectons ensemble ce poisson exceptionnel, donnons-lui une chance d'alimenter encore pour les siècles à venir cette passion qui est la nôtre.

Cette protection passe également par un respect des périodes de reproduction et par une bonne gestion des prises et des tailles biologiques de capture. La loi française définit des tailles légales de capture, et n'impose aucune période de pêche.

En pêcheur responsable, et si tel et votre souhait (ce que j'espère), vous vous abstiendrez de conserver un bar du mois de décembre au mois d'avril. Vous éviterez de le pêcher aux appâts naturels car ces techniques imposent de grands risques pour la survie du poisson (il avale un appât et meurt, fatalement). Si le besoin de pêcher et de vous enrhumer est insurmontable, pêchez-le au leurre en débordant légèrement sur la période. Accordez-vous décembre et mars, mais dans tous les cas ne pêchez pas de janvier à mars. Laissez le poisson se reproduire. Les tailles légales de captures françaises sont placées dramatiquement bas : 25 centimètres en Méditerranée (sous prétexte que le loup grossit plus vite que le bar...) et 36 centimètres sur le reste des côtes. La maturité sexuelle de ce poisson est située aux alentours de 40 centimètres par les scientifiques. Autrement dit, tous les bars conservés à la limite de la taille légale de capture ne se sont pas reproduits (ou si peu !). Soyons sérieux et ne conservons que les poissons situés au-delà de 40 centimètres. Certes il y en aura moins, mais cela n'empêche pas la prise des poissons plus petits qui seront remis à l'eau. Le plaisir de la consommation, s'il fait partie de votre univers, n'en sera que plus fort !

Le temps est venu pour nous de nous séparer. J'espère vous avoir donné autant de plaisir à lire ces pages que j'ai pu en éprouver à les écrire. Peut-être nous retrouverons-nous un jour à croiser ensemble le carbone au bord de l'eau. À moins que ce ne soit autour d'une bonne table pour visionner ces nombreux portraits de nos « copains » relâchés...

Table des matières